江苏省高校哲社项目（思政专项）《“工匠精神”融入高职院校思想政治教育的路径研究——以苏州市职业大学为例》（项目编号：2022SJSZ0810）

梦想起航：大学生就业指导与创业理论探析

王红梅◎著

SPM 南方传媒 | 广东人民出版社

·广州·

图书在版编目（CIP）数据

梦想起航 ：大学生就业指导与创业理论探析 / 王红梅著. —广州：广东人民出版社，2023.12
ISBN 978-7-218-17060-2

Ⅰ.①梦… Ⅱ.①王… Ⅲ.①大学生—职业选择 Ⅳ.①G647.38

中国国家版本馆 CIP 数据核字（2023）第 205560 号

MENGXIANG QIHANG: DAXUESHENG JIUYE ZHIDAO YU CHUANGYE LILUN TANXI
梦想起航：大学生就业指导与创业理论探析

王红梅 著

出 版 人：肖风华

责任编辑：马妮璐
责任技编：吴彦斌 周星奎
装帧设计：马静静

出版发行：广东人民出版社
地 址：广东省广州市越秀区大沙头四马路 10 号（邮政编码：510199）
电 话：（020）85716809（总编室）
传 真：（020）83289585
网 址：http://www.gdpph.com
印 刷：北京亚吉飞数码科技有限公司
开 本：710mm×1000mm 1/16
印 张：14 **字 数**：222 千
版 次：2024 年 4 月第 1 版
印 次：2024 年 4 月第 1 次印刷
定 价：58.00 元

如发现印装质量问题，影响阅读，请与出版社（020-85716849）联系调换。
售书热线：（020）87716172

前　言

21世纪是竞争更加激烈的时代，也是充满机遇和挑战的时代。作为大学生，要把握时代机遇，不断提高自己的综合素质和竞争力，为实现中华民族的全面振兴贡献自己的力量。大学生是祖国的未来和民族的希望，是国家宝贵的人力资源，是充满活力、勇于创新的群体。大学阶段是大学生学习知识、发展智力、培养能力、积累经验、增长阅历、筹划职业和尝试创业的关键时期，同时也是大学生成功步入社会的准备期。在这一时期，大学生既要不断适应新的生活，扮演新的社会角色，同时还要确定自己的人生方向，并为此付出努力，以保证个人目标的顺利实现。

随着我国高校毕业生就业制度的改革和高等教育规模的扩大，大学生的就业形势发生了新的变化，就业问题日益凸显，大学生的顺利就业关系到我国高等教育的发展，关系到经济的增长、社会的稳定以及广大人民的根本利益。近年来，日益严峻的就业形势使高校毕业生的就业问题成为家庭、学校和社会关注的焦点问题。就业是民生之本，创业是就业之源，所以，让大学生掌握一定的就业和创业知识意义重大。鉴于此，特撰写了本书。

本书共包括七章内容：第一章为职业生涯规划概述，对职业生涯规划的基本知识进行了探讨；第二章至第四章对大学生自我认知、大学生就业准备、大学生就业技巧进行了研究；第五章至第七章则分别对创业概述、大学生创业团队的组建与管理、大学生的创业实践进行了研究。总体来说，本书以大学生就业市场为导向，以提高大学毕业生的就业率和就业质量为目标，以期能够对大学生的职业发展与就业提供有益的帮助。

本书在撰写过程中参阅了许多有关大学生就业与创业方面的著作，同时也引用了许多专家和学者的研究成果，在此表示最诚挚的谢意！此外，还要感谢校企合作单位苏州华成集团有限公司的大力支持。由于时间仓促，作者水平有限，错误和不当之处在所难免，恳请广大读者在使用中多提宝贵意见，以便本书的修改与完善。

作　者

2023 年 4 月

目　录

第一章

做好规划：职业生涯规划概述

职业生涯规划对于个人的成功非常重要。它可以帮助我们更好地了解自己的优势和不足，通过进行职业生涯规划，大学生可以更好地规划自己的职业生涯，从而实现自己的人生价值。此外，职业生涯规划还可以帮助大学生更好地适应社会环境，提升自身的职业素养，增强自身的竞争优势。本章即对大学生职业生涯规划的相关知识进行简要研究。

第一节 职业生涯规划的内涵

一、职业生涯规划的概念

职业生涯规划是指在对职业生涯的主客观条件进行测定、分析、总结的基础上，对自己的兴趣、爱好、能力、价值观、职业素质等进行综合分析与权衡，确定最佳的职业奋斗目标，并为实现这一目标做出行之有效的安排。①

二、职业生涯规划的特征

职业生涯规划的特征主要包括以下几方面（图 1–1）。

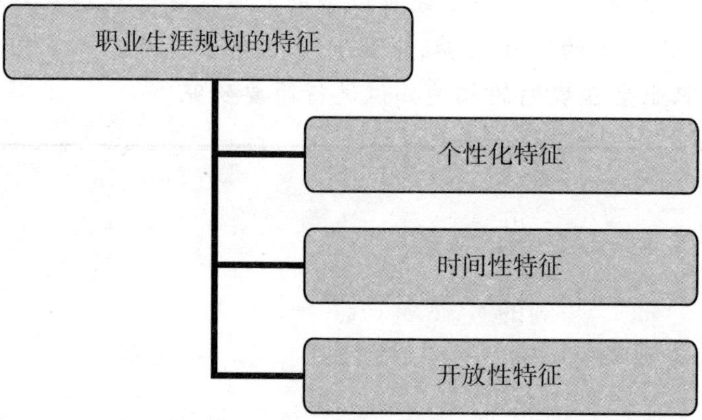

图 1–1 职业生涯规划的特征

（一）个性化特征

每个人的成长环境都是不同的，这些环境对个人的影响也存在极大

① 陈彩彦，兰冬蓉．大学生职业生涯规划 [M]．北京：北京航空工业出版社，2018.

的差异，所以，职业生涯规划必定具有个性化的特征。职业生涯规划是不能让别人制定的，每个人必须根据自己的实际情况去制定适合自己的规划，只有这样，制定出来的职业生涯规划才具有指导意义。

（二）时间性特征

根据规划时间的长短，可以将职业生涯规划分为短期职业生涯规划、中期职业生涯规划、长期职业生涯规划和人生规划四种类型。在实际操作中，人们通常同时进行长短期的职业生涯规划，首先会根据自己的实际情况确定好长期职业生涯规划和人生规划，然后在实践中会将中期职业生涯规划作为重点。这是因为太长的职业生涯规划中会由于受到环境及个人因素等的影响而出现难以操作的情况，而太短的职业生涯规划意义又不是特别大，只有中期的职业生涯规划既可以根据现有的实际情况进行操作，同时也可以随时根据操作中的状况进行相应调整，使规划的目标朝着自己的长期规划和人生规划方向发展。

（三）开放性特征

一份良好的职业生涯规划必定是在考虑外部环境因素的影响下，然后根据自己的实际情况制定出来的，而且，在不断变化的开放性的环境中，有效的职业规划不是一成不变的，而是需要随时根据实际情况进行相应的调整的，从这一角度来说，职业生涯规划具有显著的开放性特征。

三、职业生涯规划的原则

要想做好一份职业生涯规划，就必须遵循以下原则（图 1–2）。

（一）针对性原则

在制定职业生涯规划时，一定要遵循针对性原则。这是因为每个人的成长方式是不同的，每个人的性格、爱好和生活习惯等也是不同的，所以，即使很多人从事的是同一个职业，但他们也不能使用同一份职业生涯规划。对于使用者来说，最好的职业生涯规划是根据自己的实际情况制定的，并且是经过实践检验的最合理的规划。

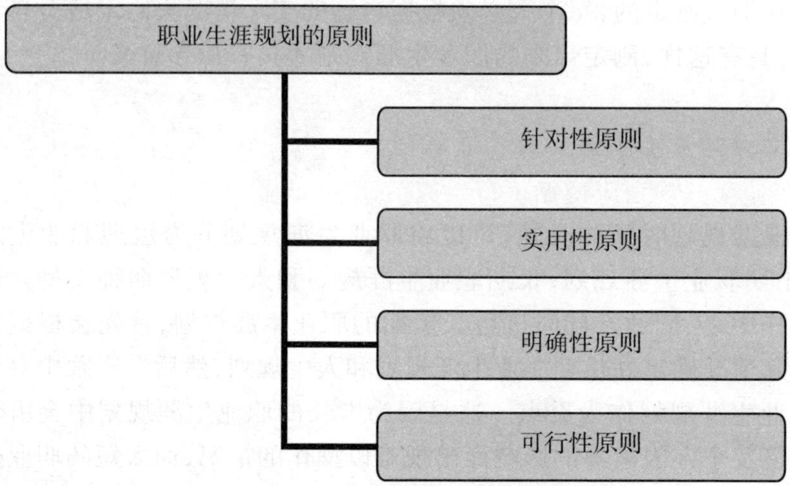

图 1-2　职业生涯规划的原则

（二）实用性原则

职业生涯规划应遵循的实用性原则是指职业生涯规划应该具有可操作性和实际成效。这主要体现在以下几方面。

第一，职业生涯规划应该根据个人的兴趣、特长、性格和价值观来制定，以满足个人的需求和发展。

第二，职业生涯规划应该与个人的职业目标相结合，以实现个人的职业发展和成功。

第三，职业生涯规划应该具有实际成效，能够帮助个人实现职业发展目标，提高个人的职业竞争力。

第四，职业生涯规划应该具有可持续性，能够随着个人的成长和发展而不断调整和优化。

第五，职业生涯规划应该具有灵活性，能够根据个人的实际情况和需求进行调整和优化。

（三）明确性原则

职业生涯规划是对未来目标的一种方向确定，对于规划中的各项行动和措施，应该有明确的时间表，在何时应该实现哪个行动和措施，应该明确做好时间上的安排，以便对其及时进行评估和调整。

（四）可行性原则

职业生涯规划应遵循可行性原则，是指职业生涯规划应该建立在切实可行的基础之上，离开了客观具体的规划，就如同空中楼阁，只能是幻想和空谈。因此，职业生涯规划应该根据个人的实际情况和需求进行量身定制，以满足个人的需求和发展。同时，职业生涯规划还应该具有实际成效，能够帮助个人实现职业发展目标，提高个人的职业竞争力，实现个人和组织的共同发展。

四、职业生涯规划的影响因素

影响职业生涯规划的因素有很多，概括来说，主要包括以下几方面（图 1-3）。

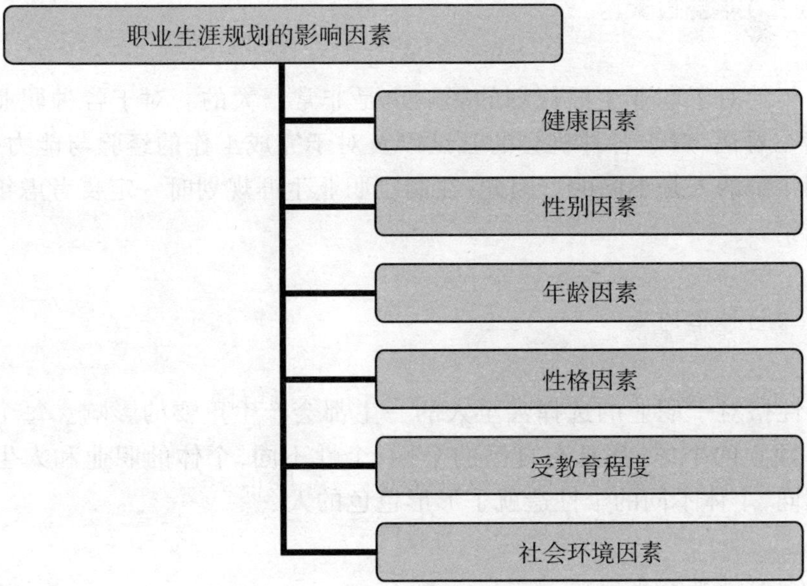

图 1-3　职业生涯规划的影响因素

（一）健康因素

健康因素对任何一个职业来说都非常重要，因为每一个职业都需要员工具有健康的身心。每一个个体都可以对自己的身心健康条件进行评估，根据评估的结果来判断哪些行业适合自己，哪些行业不适合自己，从而最终确定自己所选择的职业，然后制定出适合自己的职业生涯规划。

（二）性别因素

目前，虽然男女平等的观念已经深入人心，但是传统观念中性别因素的潜在影响仍然存在于一些行业中，因此在进行职业生涯规划时应该有充分的认识，努力寻求与自己的性别相符的职业，这样有助于制定出合理的职业生涯规划。

（三）年龄因素

年龄对于职业生涯规划的影响也是非常巨大的。对于各种职业的态度与看法、对于各种机会的尝试以及对于完成工作的经验与能力等，不同年龄的人是不同的。因此，在制定职业生涯规划时一定要考虑年龄的因素。

（四）性格因素

性格对于职业的选择甚至人的一生都会产生重要的影响。每个人都是独立的个体，都具有自己的个性，个性不同，个体的职业和人生也就不同，个体不同的个性造就了形形色色的人。

（五）受教育程度

教育是一种赋予个人才能的活动，受教育程度对一个人事业的成功具有重要影响。通常来说，一个人所受的教育程度较高，那么其在以后的职业中就会有较大的发展空间，即使所选的职业不如意，那么再次进行职业选择时也会具有较强的竞争力。反之，如果一个人所受的教育较少，那么其在进行职业选择时就具有劣势。因此，受教育程度是影响职业生涯规划的一个重要因素。

(六)社会环境因素

社会环境因素是职业生涯规划的重要影响因素。社会环境因素包括但不限于以下几个方面。

1. 经济发展水平

经济发展水平高的地区，企业相对集中，优秀企业也比较多，个人职业选择的机会就比较多，因而有利于个人职业发展。

2. 社会文化环境

社会文化环境包括教育条件和水平、社会文化设施等。在良好的社会文化环境中，个人能受到良好的教育和熏陶，从而为职业发展打下更好的基础。

3. 政治制度和氛围

政治制度和氛围对个人的职业发展也有一定的影响。例如，政治稳定、经济繁荣的国家和地区，个人的职业发展机会也更多。

4. 价值观念

个人生活在社会环境中，必然会受到社会价值观念的影响。大多数人的价值取向，甚至都是为社会主体价值取向所左右的。

总之，社会环境因素对职业生涯规划的影响是深远而广泛的。在制定职业生涯规划时，需要充分考虑社会环境因素的影响，结合自身情况，制定科学可行的职业生涯规划。

五、职业生涯规划的意义

职业生涯规划的意义主要包括以下几方面(图1–4)。

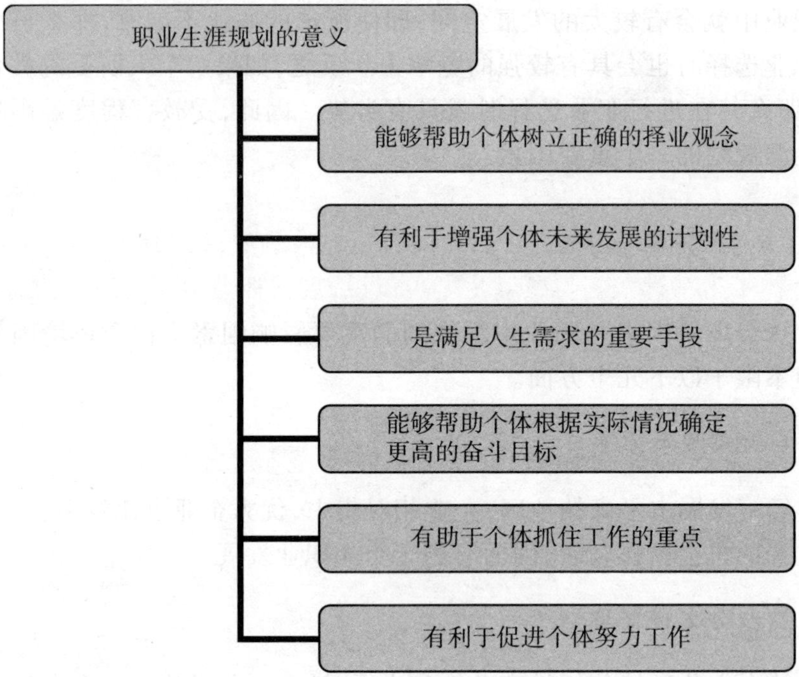

图 1-4　职业生涯规划的意义

（一）能够帮助个体树立正确的择业观念

职业生涯规划应该以自我认识为基础，通过了解自己的兴趣、能力、价值观和职业目标，从而确定自己的职业方向和发展路径。同时，职业生涯规划也需要考虑环境因素，以便制定出适合个人发展的职业规划。此外，职业生涯规划还需要考虑自己的价值目标和追求，从而使自己的职业规划更加符合自己的内心需求和长期发展的方向。只有在正确的择业观念指导下，个体才能更好地适应未来的职业发展，实现自己的职业目标。

（二）有利于增强个体未来发展的计划性

有效的职业生涯规划可以帮助个体明白“我以后想干什么”和“我以后能干什么”的问题。通过对个体及其所处环境的分析，能够帮助个体正确认识自己，合理地将理想与现实情况相结合，从而确定自己未来发展的方向，并为之好好努力。

（三）是满足人生需求的重要手段

一份好的职业能够给个体提供赖以生存的食物、水等物质，也能够给个体提供好的居住条件，还可以赢得他人的尊重，并且在这种尊重中给个体带来精神上的自我满足。可以说，现代社会中人类的各种需求基本都是通过职业来实现的。人的需求越高，对职业的期望也就越大，也就越需要一份好的职业生涯规划。

（四）能够帮助个体根据实际情况确定更高的奋斗目标

实践证明，很多在事业上没有取得成功的人，并不是没有知识和能力，而是没有很好地规划自己的职业生涯。只有个体具有了明确的目标，才能朝着自己所制定的目标努力，如果目标不明确，整天混日子，那么就失去了努力的方向，自然不会取得更高的成就。职业生涯规划能够帮助个体根据实际情况确定更好的奋斗目标，从而使个体目标明确，具有奋斗的动力。

（五）有助于个体抓住工作的重点

一份有效的职业生涯规划能够帮助个体分清工作中的轻重缓急，使其能够对各项工作进行合理安排。一个人如果没有制定有效的职业生涯规划，那么就很容易被一些对事业发展用处不大的琐碎事务缠住，而忽视了一些对职业发展比较重要的事情，也就无法实现自己的人生目标。有了职业生涯规划，它可以明确目标，使个体抓住工作的重点，从而增加事业成功的可能性。

（六）有利于促进个体努力工作

对于个体来说，在制定了职业生涯规划后，自己奋斗的目标就明确了，要想实现目标，就必须不断努力，在努力实现了自己所制定的目标之后，个体的成就感明显提升，从而向着更高的目标努力。随着职业生涯规划目标的不断实现，个体的工作方式和思维方式也会得到发展。

六、职业生涯规划的误区

（一）认为兴趣就是职业

在现实生活中，很多人会将兴趣当作自己的职业。其实，兴趣并不等于职业，在选择职业时虽然可以将兴趣作为考虑的一部分，但并不是全部。一旦将兴趣当作了职业，那么职业之外就无兴趣可言，就有可能在工作中忍受孤独。

（二）认为职业生涯规划不需要进行调整

有一些人在制定了职业生涯规划之后，就觉得只要一直坚持按照职业生涯规划确定的目标努力就好了，从不考虑职业生涯规划是否符合实际，是否需要对职业生涯规划进行调整，这是错误的。一份有效的职业生涯规划必须是经过实践检验的，是需要根据实际情况进行相应调整的。社会在不断发展，个体所处的环境也在不断变化，职业生涯规划也必须根据实际进行调整，以更好地符合个体的需要，从而更好地指导个体目标的实现。

（三）过分否定自己

在制定职业生涯规划之前，个体必须对自己进行评估，发现自己的优势，同时也要对自己的缺点有清醒的认识。但在这个评估的过程中，很多人对自己的优势认识不足，而过分夸大自己的缺点，即过分否定自己，结果导致制定的职业生涯规划目标定得太低，不符合实际需要。

（四）目标设置过高

每个人都应该有远大的志向，但在现实生活中，不是每个远大的志向都可以变成现实。在制定职业生涯规划时，也要具体分析自己的能力，如果不考虑实际能力，而将目标设置得过高，那么结果必定是失败的。

（五）认为只要守株待兔就好

有的个体认为很多成功的人之所以成功，靠的都是运气，所以，他们就像等待兔子到来的农夫一样，一直在等待自己的好运气的到来，而不是努力提升自己。机会只会留给有准备的人，如果个体不努力，即使好运气已经到来了，那么也会由于自身能力不足而错失良机。所以，如果制定了职业生涯规划，个体一定要通过努力去实现自己的目标，切不可出现守株待兔的心理。

（六）见异思迁

有些个体在制定了职业生涯规划之后，又看到了有的职业比自己所选择的好，然后就想从事这种职业，反反复复，不断去改变自己的目标，结果导致所制定的职业生涯规划完全没有意义，违背了制定职业生涯规划的初衷。

（七）对职业生涯规划不予重视

当今社会，仍然有很多人认为如果没有开始工作就不需要制定职业生涯规划，这种观点是错误的。这种不重视的态度延长了职业生涯规划的试错过程，结果可能会导致就业目标不明确、频繁跳槽等。

第二节 职业生涯规划的制定与实施

一、职业生涯规划的制定

（一）职业生涯规划制定的步骤

职业生涯规划制定的步骤如图 1–5 所示。

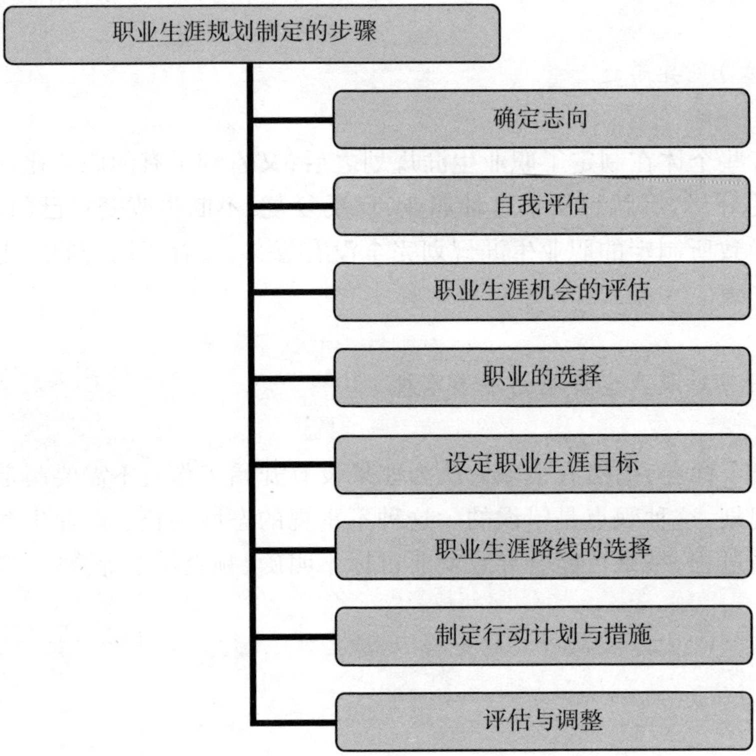

图 1–5 职业生涯规划制定的步骤

1. 确定志向

确定志向实际上就是一种决策的过程，也就是说人们在某一领域中具有了一定的经验之后，就对其形成了自己的看法。大学生在制定职业生涯规划中确定志向这一个步骤实际上就是一种决策的过程。从表面上来看，大学生的社会经验较少，能够接触的职业不多，所以也就没有对职业的看法可言。但实际上，大学生的经验是可以通过间接因素获得的，如家庭的环境、对知识的某种喜好、后天接受教育的情况等，大学生通过这些因素的影响，能够对一些职业具有间接的经验，正是通过这些间接的经验，大学生可以对一些职业形成自己的看法，根据自己的这些看法，从而形成对职业的认识，最终确定自己的志向。

2. 自我评估

自我评估就是通过各种手段从各个方面充分了解自己，既要看到自己的优点，又要直面自己的缺点。在职业生涯规划制定的过程中，自我评估是非常重要的一个步骤，对职业生涯规划能否成功具有重要影响。在自我评估的过程中，应该全方位了解自己，可以结合自己的在校表现以及老师和同学的评价等了解自己。需要注意的是，在自我评估的过程中一定要客观、冷静、全面，只有这样，才能达到入职时的高度匹配。

3. 职业生涯机会的评估

职业生涯机会的评估主要是评估各种环境因素对个人职业规划和职业选择的影响。

4. 职业选择

职业选择实际上是在职业联想范围内众多的相关职业中进行选择的过程，职业选择正确与否，直接关系到事业的成功与否，同时也对人生的幸福具有重要影响。概括来说，大学生在进行职业选择时应考虑以下要素。

第一，个人是否具有相关方面的知识积累。

第二，是否能够从所选择的职业中获得成就感。

5. 设定职业生涯目标

对于个体来说，在所制定的职业生涯规划中，一定要有切实可行的目标，只有设定了目标，才有为之而奋斗的方向和动力，也才能排除各种干扰，保证自己目标的实现。

6. 职业生涯路线的选择

在确定了职业生涯目标之后，还需要确定通过哪种路线去实现自己的目标。需要注意的是，职业生涯路线也不是一成不变的，可以根据实际情况进行相应调整，从而更好地实现自己的目标。

7. 制定行动计划及措施

行动计划是由长期和短期两方面组成的，长期行动计划由于时间太长，中间存在很多不确定的因素，所以，可以通过制定短期的行动计划来一步步地实现自己的长期行动计划。需要注意的是，所制定的每一个短期行动计划都应该有明确的内容和目标，只有这样，才能在每一次的成功中看到希望，或者从失败中获得经验，最终实现自己的目标。

8. 评估与调整

基本上每一份职业生涯规划都不是一成不变的，都需要根据实际情况进行相应的评估与调整。这样才能保证所制定的职业生涯规划具有指导意义。

（二）职业生涯规划制定的方法

当前，职业生涯规划制定的常用方法主要包括以下几种。

1.SWOT 分析法

SWOT是英文单词Strength（优势）、Weakness（弱势）、Opportunity（机会）、Threat（威胁）的缩写。SWOT 法常常被用来作为企业内部分析的方法，即企业根据自己的实际情况进行分析，从而发现自己的优势和劣势，找出自己的竞争优势。通常来说，在运用 SWOT 法制定职业生涯规划时需要从以下几方面着手。

（1）构建个人SWOT矩阵

在对自身的优劣势进行正确分析的基础上，构建个人SWOT矩阵对未来职业的选择具有重大意义。

①自身优势（S）分析。

根据自己的实际情况，分析自己有哪些方面会比竞争对手强，主要包括以下几方面。

第一，分析自己的教育背景是否具有优势。

第二，分析自己的品质方面是否具有优势。

第三，分析自己的社会交往及人际关系方面是否具有优势。

第四，分析自己的社会经验方面是否具有优势。

②自身劣势（W）分析。

认真分析自己不如竞争对手的方面，即自己的劣势，主要可以从以下几方面入手。

第一，分析自己对自己的认识是否有不足的地方。

第二，分析自己是否有明确的、适合自己的目标。

第三，分析自己的学习能力是否较差。

第四，分析自己存在哪些负面的人格特点。

③机会（O）分析。

机会（O）分析就是对有利于自己职业选择和发展的一些外部因素进行分析。

④威胁（T）分析。

威胁（T）分析就是分析外部环境中存在的对自己职业发展的不利因素，这主要包括以下几方面内容。

第一，分析专业发展的前景是否乐观。

第二，分析同行业竞争的人数是否会增加。

第三，分析自己所选择的职业环境是否有利于自己未来的发展。

（2）制定策略

①劣势和威胁组合而成的WT（Weakness Threat）策略。

劣势和威胁都是对自己未来的职业发展非常不利的因素，将这些因素综合起来考虑，可以通过采取一些措施，将这些不利因素产生的影响降到最低。例如，如果由于工作经验不足而在竞争中处于劣势地位，那么就可以通过多参加一些社会实践来弥补这些不足。

②劣势和机会组合而成的 WO（Weakness Opportunity）策略。

将劣势和机会组合起来考虑的目的是尽量将自身劣势的不利影响降到最低，将机会的作用发挥到最大水平。

③优势和威胁因素组合而成的 ST（Strength Threat）策略。

将优势和威胁因素综合起来考虑的目的是了解自己的优势，并充分发挥自己的优势，努力将对自己存在威胁的不利因素降到最低。

④优势和机会因素组合而成的 SO（Strength Opportunity）策略。

将优势和机会这两种因素综合起来考虑，目的是将这两种因素组合起来的效果发挥到最大。

2. 思考圈法

思考圈法就是以循环思考来表述职业生涯规划是身在何处、何以至此、欲往何方、有何资源、何以前往、可知到达等六个要素之间的往返循环过程（图 1–6）。

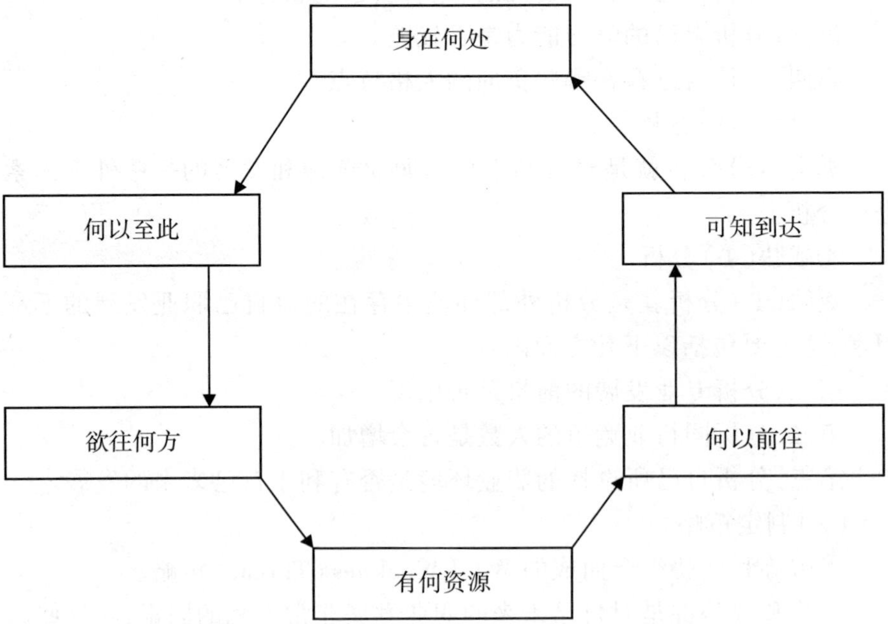

图 1–6　思考圈法

3.5“What”法

5“What”法是制定职业生涯规划时常用的方法之一。

(1) What are you?

想一想自己是谁,对自己有一个深刻的反思,从而对自己有一个全面的了解。

(2) What do you want?

想一想自己想干什么,这是对自己职业发展的一个定位。每个人在不同年龄段的兴趣和目标都不一致,这就需要个体不断反思,对自己有一个正确的认识,从而最终确定自己的职业生涯规划。

(3) What can you do?

想一想自己能干什么,这就需要对自己的能力和潜力有全面的了解。一个人到底可以从事什么职业主要取决于其是否具有这方面的能力,而一个人能否在职业中取得成就,这主要是由潜力决定的。因此,个体一定要从能力和潜力两方面对自己进行综合分析。

(4) What can support you?

环境支持或允许我干什么?这就要求个体要对自身所处的环境有清晰的了解,主要包括客观和主观两个方面。客观方面包括本地的经济发展、人事政策、企业制度、职业空间等。这些因素直接关系到职业生涯发展和就业前景,是需要重点考虑的因素之一。主观方面包括与领导同事的关系、人脉资源等因素。这些因素对职业生涯发展也有着至关重要的影响,可以通过提升自己的能力、拓展人际关系等方式来改善。

(5) What you can be in the ends?

自己最终的职业目标是什么?在明确了前四个问题之后,就有了比较清晰的框架。当然,在实现自己的职业目标的过程中,需要不断地评估自己的能力和兴趣,调整自己的学习和工作方向,以适应不断变化的环境和需求。

二、职业生涯规划的实施

（一）大学生职业生涯规划实施的方法

概括来说，大学生职业生涯规划的实施方法主要包括以下几种（图1-7）。

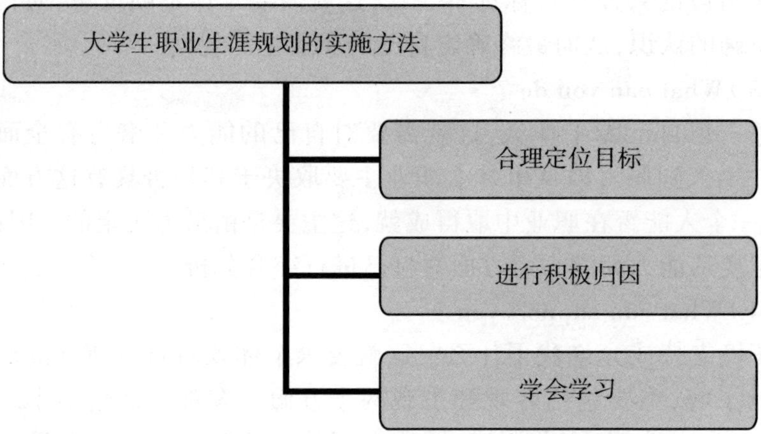

图 1-7　大学生职业生涯规划的实施方法

1. 合理定位目标

实现自己的目标，要建立在自己真正可行、切实可行和不脱离自身水平的基础上。例如，如果自己的真实水平是 80 分，理想水平与保险水平分别为 90 分与 70 分，那么可以将目标设置在 75 ～ 85 分之间。

2. 进行积极归因

大学生在实施职业生涯规划时应进行积极归因，具体包括以下方面。

（1）成功经验的积极归因

当一个人取得成功时，他会将成功的原因归结为自身的努力、能力和技能，认为自己是一个优秀的个体，能够胜任任何工作或任务。这种归因方式可以激励自己继续努力，争取更多的成功。

（2）失败经验的积极归因

当一个人遭遇失败时，他会将失败的原因归结为自身的不足、能力和技能的缺乏等，认为自己还有很大的提升空间。这种归因方式可以帮助自己认识到自身的局限性，激发自己不断进步的动力。

大学生应该积极寻找自己成功或失败的原因，并将其归结为自身的努力、能力和技能的提升，同时也要注意外部因素的积极归因，以增强自信心和动力。

3. 学会学习

（1）培养学习动机

学习动机对于大学生的学习效率和成果有着非常重要的影响。学习动机可以激发大学生的学习热情和积极性，让他们更加主动、持之以恒地进行学习，从而取得优异的成绩。然而，过强或过弱的学习动机都会影响大学生的学习效率和成果。

（2）建立学习兴趣

一旦对某学科有了浓厚的兴趣，个体就会以积极的情绪去研究和探索它，产生强烈的求知欲望，从而充分挖掘自己的学习潜能。

（二）大学各阶段职业生涯规划的具体实施方案

1. 大一阶段

大学一年级职业生涯规划的具体实施方案包括以下几个方面。

（1）自我评估

大学生需要对自己进行全面的自我评估，包括兴趣、优势、价值观和技能等。这可以帮助他们更好地了解自己的长处和短处，从而更好地制定职业生涯规划。

（2）目标设置

大学生需要明确自己的职业目标和发展方向，包括短期和长期目标。通过与教师、辅导员或职业咨询师的沟通，大学生可以更好地了解自己的兴趣、能力和价值观，从而更好地制定职业生涯规划。

（3）探索途径

大学生可以通过参加校内外的讲座、竞赛、实习和社团活动等，来探索不同的职业世界和机会。同时，可以开始思考如何利用自己的优势和特长来寻找适合自己的职业机会。

（4）执行计划

大学生需要制定具体的执行计划，包括提升技能、拓展人脉、积累经验和建立关系等。同时，可以选择适合自己的实习和志愿者工作，为未来的职业发展打下更坚实的基础。

（5）持续学习

大学生还应该不断学习新知识和技能，包括课堂学习、在线学习和实践经验等。同时，可以利用各种职业培训和认证机会，来提升自己的职业素养和竞争力。

2. 大二阶段

这个阶段是探索职业世界的重要时期。大学生需要更深入地了解行业、职位、公司文化、地理位置等因素，并根据自己的兴趣、能力和经验进行综合分析和评估。可以参加招聘会、社交派对、实习或志愿者工作等，积累实践经验和收集简历。同时，可以继续完善自己的职业生涯规划，调整优化自己的技能和知识结构，为未来的职业发展打下更坚实的基础。

3. 大三阶段

这一阶段的主要任务是掌握良好的求职技能，为将来的就业做好充足的准备，具体来说主要包括以下几方面。

第一，了解搜集就业信息的各种渠道。

第二，对相关行业和企业有所了解，如果有的同学有考研或者是出国的打算，那么在这一时期就要开始着手准备。

4. 大四阶段

这个阶段是冲刺职业目标的关键时期。大学生需要全面审视自己的职业目标和实现路径，并根据市场需求和自身情况进行适当调整。可以参加校内外的创业比赛、项目实践、毕业设计等，提升自己的创新能力和实践能力。同时，可以开始撰写简历、求职信和个人陈述等求职材料，并针对不同的职业岗位和公司文化调整自己的简历和面试技巧。

三、实施职业生涯规划常见的阻力

大学阶段实施职业生涯规划的阻力主要有以下几种情况（图 1–8）。

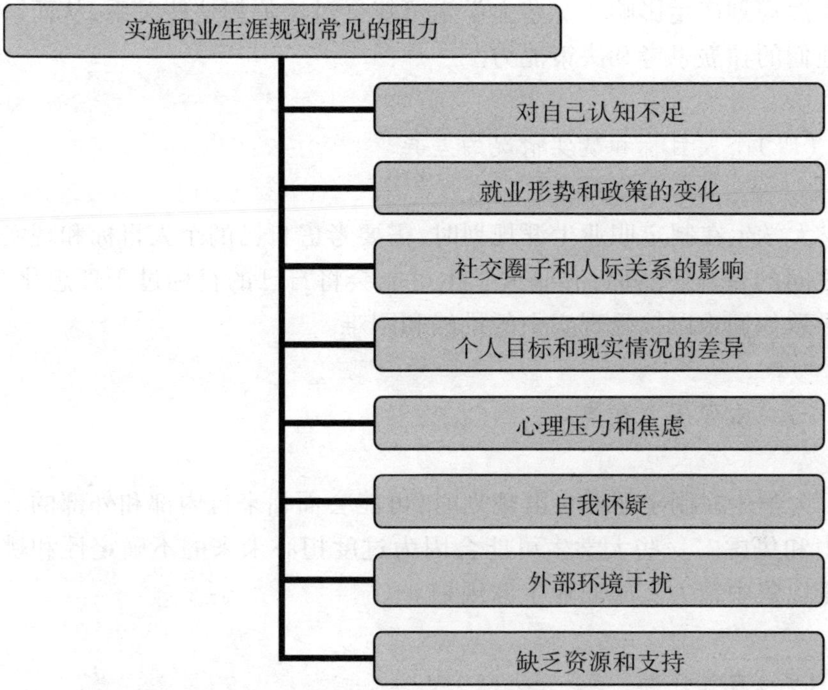

图 1–8　实施职业生涯规划常见的阻力

（一）对自己认知不足

许多大学生对自己的兴趣、能力和价值观缺乏充分的认知，从而导致他们难以制定出合适的职业生涯规划。

（二）就业形势和政策的变化

随着经济环境和就业形势的变化，大学生需要及时调整自己的职业生涯规划，以适应新的市场需求。然而，有些大学生可能无法及时了解最新的就业政策和形势，从而影响了他们的规划进度。

（三）社交圈子和人际关系的影响

大学生在大学期间建立的社交圈子和人际关系可能会对他们的职业生涯规划产生影响。一些大学生可能会过于依赖这些关系，从而影响了他们的独立思考和决策能力。

（四）个人目标和现实情况的差异

大学生在制定职业生涯规划时，需要考虑自己的个人目标和现实情况之间的差异。然而，有些大学生可能会将自己的目标过于理想化，从而导致他们难以接受现实中的挑战和困难。

（五）心理压力和焦虑

大学生在制定职业生涯规划时，可能会面临来自内部和外部的心理压力和焦虑。一些大学生可能会因为过度担心未来的不确定性和挑战而难以集中精力实施职业生涯规划。

（六）自我怀疑

职业生涯规划需要个体不断面对自己的不足和挑战，从而不断提高自己的能力和技能。但是，有些大学生可能会因为自己的失败或挫折而产生自我怀疑，从而影响了他们的动力和信心。

（七）外部环境干扰

实施职业生涯规划需要大学生具备一定的自我控制能力和定力。但是，在实施过程中，人们可能会受到外部环境的干扰，例如家庭、工作压力、社交媒体等。这些因素可能会使人们无法集中精力实施职业生涯规划。

（八）缺乏资源和支持

职业生涯规划需要大学生具备一定的知识和技能，并且需要得到外界的支持和帮助。但是，有些大学生可能会因为缺乏资源和支持而难以实施职业生涯规划，从而影响了他们的进展和成果。

四、克服实施职业生涯规划常见阻力的方法

克服实施职业生涯规划常见阻力的方法有以下几种（图 1-9）。

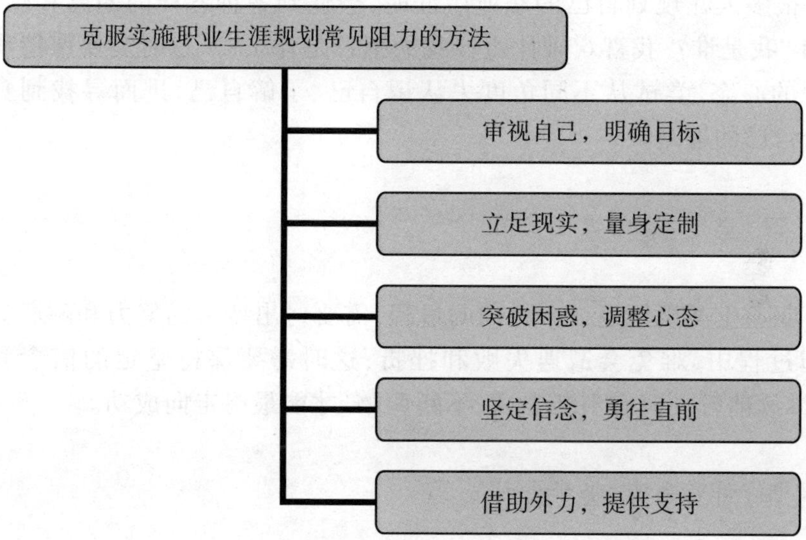

图 1-9　克服实施职业生涯规划常见阻力的方法

（一）审视自己，明确目标

在制定职业生涯规划时，首先要对自己做一个全面深入的分析，明确自己想要什么、不想要什么，同时还要弄清楚自己的兴趣爱好、优势与劣势等。只有对自己了如指掌，才能找到适合自己的职业和岗位。

（二）立足现实，量身定制

每个人的家庭环境、成长经历、性格特点都不相同，因此应该根据自身实际情况来制定职业生涯规划，切忌好高骛远，盲目追求“高大上”。要充分考虑客观条件，从自己所处的行业、地域及自身素质出发，选择最适合自己的岗位。

（三）突破困惑，调整心态

很多人在规划自己的职业生涯时，会遇到各种各样的困惑和疑问，例如“我是谁？我喜欢做什么？我的擅长是什么？”这时需要保持积极乐观的心态，尝试从不同角度去认识自己、了解自己，进而寻找到真正适合自己的道路。

（四）坚定信念，勇往直前

职业生涯规划是一个长期的过程，需要付出持续的努力和耐心。在实施过程中，难免会遭遇失败和挫折，这时需要保持坚定的信念和勇气，继续前行。只有不断尝试、不断调整，才能最终走向成功。

（五）借助外力，提供支持

在制定职业生涯规划时，还可以主动寻求他人的意见和建议，从而更好地认识自己、了解职场，制定出符合自身情况的职业生涯规划。

第三节　职业生涯规划的评估与调整

一、职业生涯规划的评估

（一）职业生涯规划评估的要点

大学生职业生涯规划评估的要点有以下几个方面（图 1-10）。

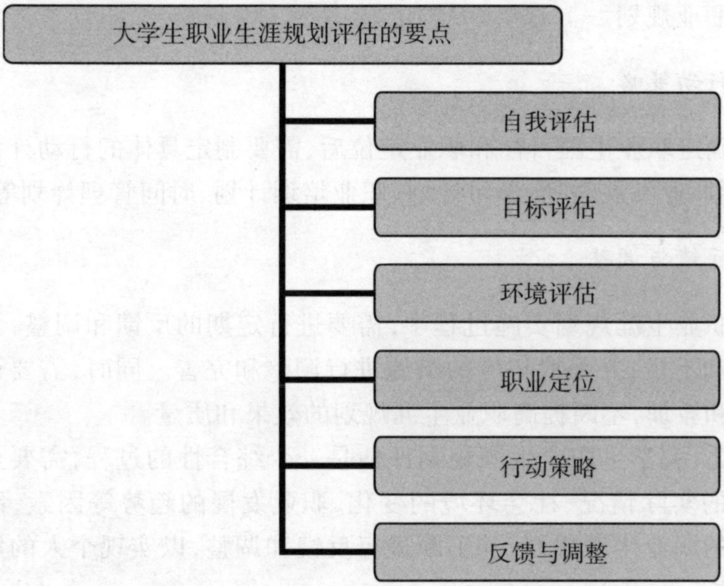

图 1-10　大学生职业生涯规划评估的要点

1. 自我评估

在制定职业生涯规划时，进行自我评估是非常重要的一步。只有对自己有全面而准确的认识，才能在职业生涯规划中发挥自己的优势，规避自己的短处，实现自己的职业目标。

2. 目标评估

在确立职业生涯目标时，需要考虑自身的实际情况和社会环境的变化，确保目标的可行性和适宜性。

3. 环境评估

需要对自己所处的环境进行分析，了解相关的职业、行业、专业、市场需求、就业形势等信息，以便更好地选择适合自己的职业发展方向。

4. 职业定位

在职业定位时，需要进行自我评估，也需要对外部环境进行分析，了解行业、职业发展趋势和单位的发展前景等因素，以便制定出适合个人发展的职业规划。

5. 行动策略

在确定职业生涯目标和职业定位后，需要制定具体的行动计划和策略，包括职业发展路径、学习计划、职业培训计划、时间管理计划等。

6. 反馈与调整

在职业生涯规划实施过程中，需要进行定期的反馈和调整，及时发现问题和不足，并采取相应的措施进行调整和完善。同时，需要认真总结经验和教训，不断提高职业生涯规划的效果和质量。

总之，大学生职业生涯规划评估是一个综合性的过程，需要全面考虑自身的实际情况、社会环境的变化、职业发展的趋势等因素，制定科学合理的职业生涯规划，并不断进行反馈和调整，以实现个人的职业发展和成长。

（二）职业生涯规划评估的方法

职业生涯规划评估的方法有多种，其中包括情况记录法，分析、调查、总结法，对比法、交流法、反思法等。

1. 情况记录法

情况记录法是一种简单、实用的评估方法，适用于对自身潜能、优势和劣势、目标和现实之间的差距等方面的评估。通过记录自己在不同情境下的表现和结果，可以对自己的潜能和优势进行全面而准确的评估，同时也可以发现自己在哪些方面需要改进和提高。

2. 分析、调查、总结法

分析、调查、总结法是一种系统性的评估方法，通过对自身的工作经历、职业发展历程、市场需求、行业趋势等方面的分析，可以了解自己的职业发展轨迹和存在的问题，从而制定相应的措施和策略进行调整和完善。

3. 对比法、交流法、反思法

对比法、交流法、反思法是一种综合性的评估方法，适用于对自身职业发展的各个方面进行综合分析和评估。通过对自身的对比分析，可以发现自身的职业兴趣与职业能力的匹配情况，从而更好地制定职业发展规划。同时，通过与他人的交流，可以更全面地了解职业市场的需求和变化，以便选择适合自己的职业。反思法则可以帮助我们回顾自己的职业发展历程，总结经验教训，更好地应对未来的职业发展挑战。

二、职业生涯规划的调整

（一）大学生职业生涯规划调整的目的

大学生职业生涯规划调整的目的是为了帮助大学生更好地适应社会和职业环境，提升职业竞争力，实现职业发展目标。具体来说，职业生涯规划调整的目的包括以下几个方面（图 1-11）。

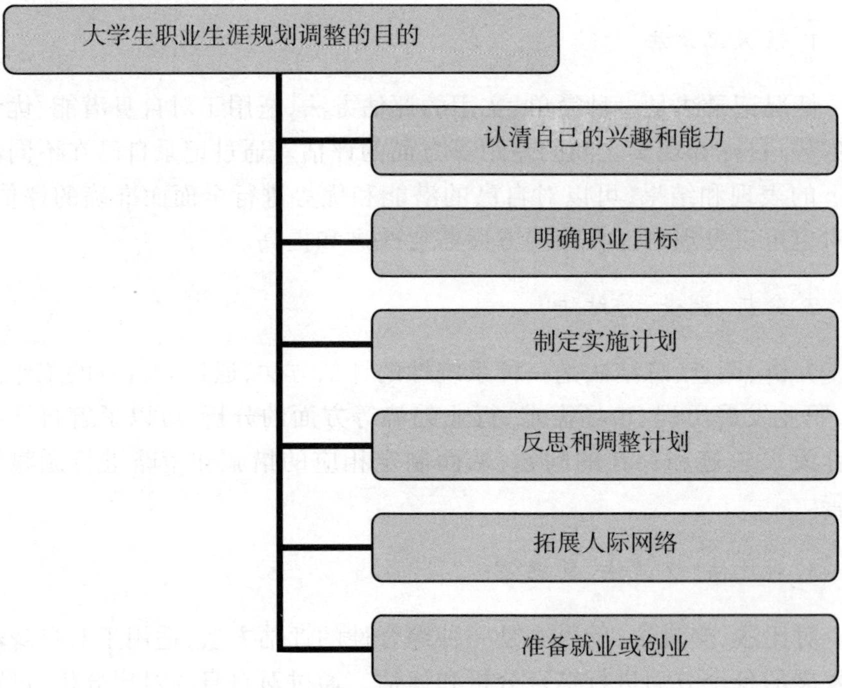

图 1–11　大学生职业生涯规划调整的目的

1. 认清自己的兴趣和能力

通过自我评估和外部环境分析，大学生可以更加清晰地了解自己的兴趣、能力和优势，从而明确自己想要从事什么样的职业和行业。

2. 明确职业目标

根据自己的兴趣和能力，大学生可以制定与之相符的职业目标，并确定实现这些目标所需的技能、经验和知识。

3. 制定实施计划

在明确职业目标的基础上，大学生可以制定实现这些目标的具体计划和时间表，并按照计划逐步实施。

4. 反思和调整计划

在职业生涯发展的过程中，大学生需要不断反思和调整自己的计划和目标，根据市场和职业的变化进行及时调整，以保持竞争力。

5. 拓展人际网络

大学生在职业生涯发展的过程中，需要建立广泛的人际网络，包括但不限于导师、同行、企业家等，以获取更多的职业机会和资源。

6. 准备就业或创业

在就业市场日益激烈的情况下，大学生需要提前做好职业规划和准备，包括简历制作、面试技巧、职业素养培训等，以增加就业成功的机会。

总之，职业生涯规划调整的目的是帮助大学生更好地适应职业环境，提升职业竞争力，实现职业发展目标。大学生需要认清自己的兴趣和能力，明确职业目标，制定实施计划，反思和调整计划，拓展人际网络，准备就业或创业。

（二）大学生职业生涯规划调整的方法

大学生职业生涯规划的调整是一个动态的过程，以下是一些常见的大学生职业生涯规划调整方法。

1. 评估自己的兴趣和能力

在制定职业生涯规划时，要充分考虑自己的兴趣和能力，如果发现自己并不适合某些职业或领域，就要及时做出调整。

2. 审视自己的价值观和人生目标

要反思自己的人生目标和价值观，了解自己真正想要追求的东西是什么。只有在清楚认识自己的基础上，才能够制定出符合自己理想的职业生涯规划。

3. 环境分析

要分析所处的社会环境和行业环境，了解就业市场的需求情况、人才竞争的激烈程度、行业的发展趋势等，为自己制定合适的职业规划提供参考。同时，也要关注政策法规的变化，把握职业机会的动态走向。

4. 寻求他人建议和意见

可以向老师、家长、朋友等人咨询意见，听取他们的建议和经验。同时，也可以参加相关的职业规划课程或讲座，获取更多的信息和指导。

5. 进行职业探索和实践

通过实习、兼职、社会实践等方式，亲身体验不同的职业岗位和工作环境，了解不同行业的特点和要求，为自己将来的职业规划提供更为翔实的参考。

第二章

认知自我：大学生自我认知研究

大学生只有对自己有正确的认知，才能制定出切合自己实际情况的职业生涯规划，也才能将职业生涯规划更好地付诸实践，自我认知对大学生具有积极的指导意义。

第一节 自我认知的内涵

一、自我认知的概念

自我认知是对自己各个方面的深入了解与再认识，是对自身资源的整理与发掘的过程。

二、自我认知的内容

自我认知的内容包括以下几个方面（图 2–1）。

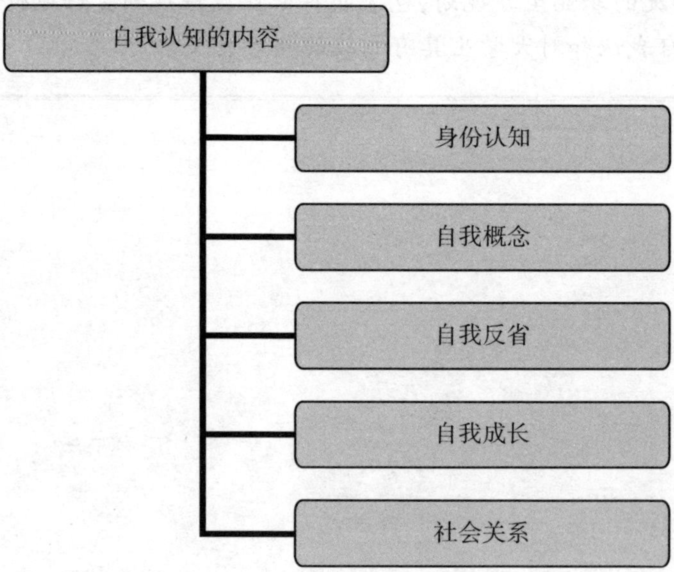

图 2–1 自我认知的内容

（一）身份认知

身份认知是对自己是谁、自己的性别、年龄、种族、文化背景、民族、国籍、家庭状况、职业等方面的认识和理解。

（二）自我概念

自我概念是对自我意识、自我形象、自尊、自我调节、自我控制等方面的认识和理解。

（三）自我反省

自我反省是对自己的行为、言语、思维和情感等方面的反省和分析，以及对自己的需求、动机、愿望和价值观等方面的认识和理解。

（四）自我成长

自我成长是对自己的兴趣、爱好、才能、潜力、优缺点等方面的认识和理解，以及对自己如何发展和提高自己的认识和理解。

（五）社会关系

社会关系是对自己与他人的关系、与社会的关系、与环境的关系等方面的认识和理解。

三、自我认知的误区

大学生自我认知的误区主要表现在以下几个方面（图 2–2）。

（一）过于关注外部评价，忽略内在素质

在大学生活中，他们往往非常关心他人对自己的看法和评价，而忽略了自身内在素质的提升。

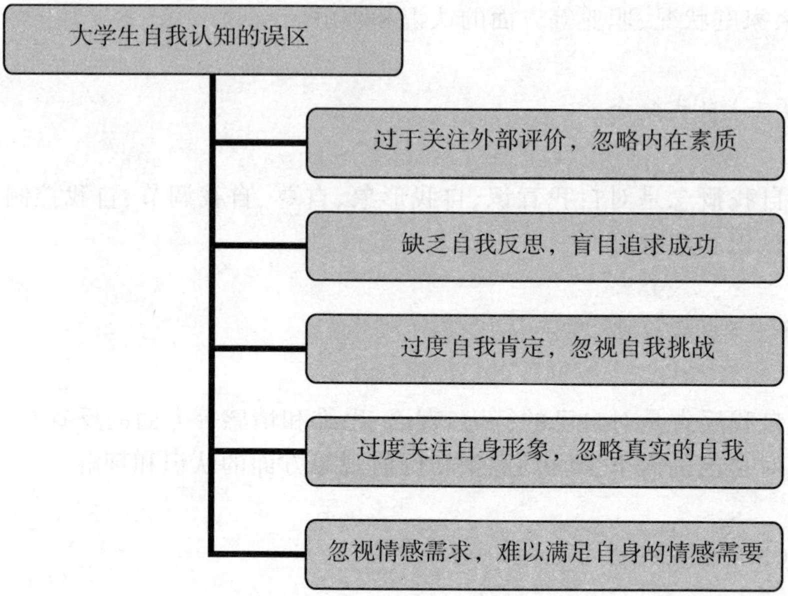

图 2–2　大学生自我认知的误区

（二）缺乏自我反思，盲目追求成功

一些大学生认为只要努力就能取得好成绩，但是却没有意识到成功不仅取决于努力，还受到个人素质、能力和品格等多种因素的影响。

（三）过度自我肯定，忽视自我挑战

一些大学生对自己的能力和潜力过于自信，缺乏自我挑战和探索的勇气和决心。

（四）过度关注自身形象，忽略真实的自我

一些大学生过度关注自身的外表形象，忽略了真实的自我，导致自我认知偏差。

（五）忽视情感需求，难以满足自身的情感需要

一些大学生在追求成功的过程中，忽略了自身的情感需求，难以满足自身的情感需要。

这些误区会对大学生的成长和发展产生负面影响，因此大学生应该注重提高自我认知能力，客观地认识自己的优势和不足，培养积极向上的心态，建立良好的人际关系，不断挑战自我，实现自我价值的最大化。

第二节　兴趣认知与性格认知研究

一、兴趣认知

（一）兴趣的概念

兴趣是指一个人经常或反复地对某一事物或活动产生的心理上的爱好或喜好的情感。

（二）兴趣的影响因素

影响学生学习兴趣的因素有很多，包括好奇心、成就动机、外部奖励和认可、学习活动本身、学习环境和父母的影响等（表 2–1）。

表 2–1　兴趣的影响因素

兴趣的影响因素	具体阐述
好奇心	对于学生来说，好奇是他们学习的动力。当他们对某件事物或现象感到好奇时，他们就会主动去探索、了解和学习

续表

兴趣的影响因素	具体阐述
成就动机	当学生认为学习能够带来成就感时，他们就会产生强烈的学习兴趣。这种成就动机能够激发学生的内在动力，让他们自觉地投入到学习中
外部奖励和认可	外部奖励和认可能够增强学生的学习兴趣。当学生取得好成绩或者获得认可时，他们会感到开心和满足，从而进一步增强学习兴趣
学习活动本身	学生对于有趣、富有挑战性的学习活动往往更感兴趣。因此，教师可以通过设计有趣的课程、提供丰富的教学资源、采用多样化的教学方法等方式，来吸引学生的学习兴趣
学习环境	学生的学习兴趣与周围的学习环境密切相关。一个安静、整洁、舒适的学习环境，能够让学生更加专注和投入到学习中
父母的影响	父母的教育理念和教育方式，会对孩子的学习兴趣产生深刻的影响。如果父母对孩子的学习表现持积极的态度，鼓励孩子不断尝试和探索，那么孩子也会对学习产生浓厚的兴趣

（三）兴趣与生涯发展的关系

兴趣与生涯发展之间的关系是非常密切的，这主要表现在以下几方面。

第一，兴趣能够激发个体的好奇心和探索欲望，从而有助于个体更加主动地去学习和发展自己的潜能。

第二，兴趣能够帮助个体更好地认识自我，了解自己的优势和不足，从而制定适合自己的职业规划和发展方向。

第三，兴趣还可以为个体提供一种内在的动力和支持，让他们在面对困难和挑战时坚持下去，不断追求自己的目标。

第四，兴趣也能够促进个体的社交互动和人际沟通能力，让他们在工作中与同事、客户等人建立良好的关系，从而更好地实现自己的职业理想。

第五，兴趣还能够为个体带来成就感和满足感，让他们在完成自己的任务和目标时感受到自己的价值和意义。这种成就感和满足感又会反过来强化个体的兴趣和动力，形成一个良性的循环。

因此，可以说兴趣是个体生涯发展的重要驱动力之一，它能够激发个体的学习热情、社交互动和自我效能感，为个体的职业生涯打下坚实的基础。

（四）职业兴趣的概念

职业兴趣是指人们对某种职业活动具有的比较稳定而持久的心理倾向，是人们的一种职业心理特征。职业兴趣能够开发个体的潜力，促使人们在工作中表现出更大的创造性。

（五）六种职业兴趣类型

六种职业兴趣类型如表 2-2 所示。

表 2-2　六种职业兴趣类型

六种职业兴趣类型	特征	喜欢从事的领域
现实型	热衷于追求事实真相，喜欢处理具体的、明确的和可衡量的任务，并且能够运用自己的智慧、判断力和解决问题的技能去完成这些任务	通常喜欢需要使用工具或机器来进行操作或测量的工作，也可能喜欢从事监督和管理方面的工作
艺术型	对审美、创造性活动和抽象概念有强烈的兴趣，喜欢欣赏和创造美的事物，并且能够运用自己的创造力、想象力和表达能力去完成这些任务	通常喜欢需要使用艺术形式来表达的工作，如音乐、绘画、写作等
实践型	热衷于解决实际问题，喜欢运用知识和技能去完成实际的、具体的和结果导向的任务，并且能够运用自己的实践能力、组织能力和领导能力去完成这些任务	通常喜欢需要使用工具、机器或资源来进行操作或制造的工作，也可能喜欢从事教育、医疗、社会服务等领域的工作
研究型	对科学、知识和理论有强烈的兴趣，喜欢学习和探索新的知识和理论，并且能够运用自己的批判性思维、分析能力和创造力去完成这些任务	通常喜欢需要运用科学方法来解决问题的工作，如科学研究、哲学、历史等

续表

六种职业兴趣类型	特征	喜欢从事的领域
社会型	对人际关系、团队合作和社会责任有强烈的兴趣，喜欢与人交往、建立联系和合作，并且能够运用自己的沟通能力、人际关系技能和领导能力去完成这些任务	通常喜欢需要与人打交道、合作完成任务的工作，如销售、公共关系、客户服务等
管理型	对权力、地位和影响力有强烈的兴趣，喜欢领导、指挥和控制他人，并且能够运用自己的权威、决策能力和组织能力去完成这些任务	通常喜欢需要领导和管理他人的工作，如企业管理、政府机构、军队等

（六）职业兴趣的培养

职业兴趣的培养可以通过以下几种方式进行（表 2-3）。

表 2-3　职业兴趣的培养方式

职业兴趣的培养方式	具体阐述
探索自我	了解自己的兴趣爱好，包括喜欢的事物、擅长的事情等。可以通过实习、参加兴趣小组、阅读相关书籍等方式来探索自我
认识世界	了解不同的职业，可以通过网络、新闻、讲座等方式来了解不同的职业和行业
实践体验	通过实习、志愿服务、社团活动等方式来体验不同的工作内容和职业环境
与人交流	与他人交流，了解他人对不同职业的看法和经历，可以帮助自己更好地认识职业兴趣
寻求反馈	听取他人的意见和建议，可以帮助自己更好地认识职业兴趣，并根据反馈进行调整
了解行业	了解不同行业的发展情况、就业前景、薪资待遇等信息，可以帮助自己更好地认识职业兴趣
制定计划	制定短期和长期的职业规划，可以帮助自己更好地认识职业兴趣，并为自己的职业发展做好规划
学习技能	学习与职业兴趣相关的技能，可以帮助自己更好地适应职业环境，并提高自己的职业竞争力

续表

职业兴趣的培养方式	具体阐述
保持热情	保持对职业兴趣的热情和积极性，可以帮助自己更好地享受职业生涯中的挑战和成就

通过以上方法，可以更好地认识自己的职业兴趣，并通过实践体验、与他人交流等方式来不断培养和发展自己的职业兴趣。

二、性格认知

（一）性格的概念

性格是一个人对现实的稳定的态度，以及与这种态度相应的、习惯化了的行为方式中表现出来的人格特征。

（二）性格的分类

根据不同的分类标准，可以将性格分为不同的类型。

1. 根据心理活动倾向性划分

根据心理活动倾向性划分，可以将人的性格分为场依存型、场独立型和传统型（图 2-3）。

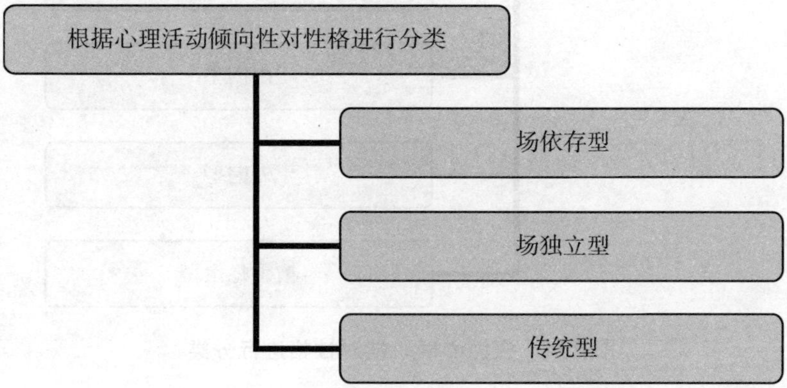

图 2-3　根据心理活动倾向性对性格进行分类

（1）场依存型

这类人在生活中很容易受到外界环境因素的影响，喜欢与别人一起，同时也喜欢参加群体性的活动。他们通常会选择能够提供情感上的支持和安全感的人作为自己的朋友，在交往中更加关注别人对自己的看法和反应。

（2）场独立型

这类人喜欢保持自己的独立性，不太愿意受到外界的干扰和约束。他们通常会更加注重自己的兴趣爱好和个人空间，喜欢独立地完成任务和解决问题。在交往中，他们更加注重自己的内心感受和需要，同时也希望能够得到别人的尊重和理解。

（3）传统型

这类人更加注重传统价值观和社会规范，强调道德伦理和社会责任。他们通常会更加关注自己在团体中的角色和责任，同时也会努力遵守社会规范和道德标准。在交往中，他们更加强调互惠互利和合作精神，希望能够建立稳定和长久的关系。

2. 根据心理机能划分

根据心理机能划分，可以将人的性格分为精神质、内向型、外向型和情感稳定型（图 2–4）。

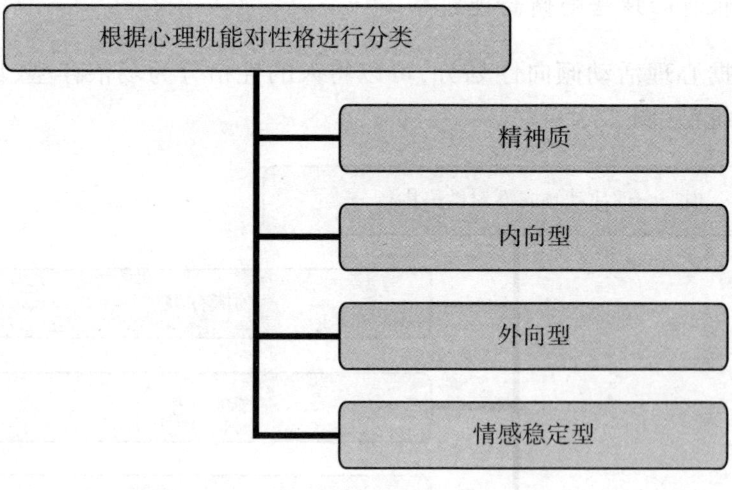

图 2–4　根据心理机能对性格进行分类

（1）精神质

精神质又称歇斯底里质或疑病素质，指个体过分敏感、多愁善感、好幻想等特点，常伴有强迫观念和行为。

（2）内向型

内向型也称安静型或抑制型，这类人喜欢独处，不太愿意与别人交往，缺乏自信心和适应能力，遇到困难容易产生消极情绪。

（3）外向型

外向型又称活泼型或兴奋型，这类人喜欢与别人交往，善于表达自己的情感和需求，同时也比较乐观开朗，具有较强的适应能力和创造力。

（4）情感稳定型

情感稳定型又称日久型或习惯型，这类人性格温和、踏实，能够持久地专注于某一件事情，对自己和他人都比较宽容和耐心，不会轻易产生情绪波动。

除了以上四种主要的性格类型之外，还有其他一些次要的性格类型，如循环型、深思熟虑型、享乐型等。每种类型的人都有其独特的优势和弱点，在交往中需要根据具体情况来考虑哪种类型的人更加适合自己。

（三）性格与职业的关系

性格与职业之间的关系是非常密切的。每个人的性格都有其独特的特点和优势，这些特点和优势可以帮助个人在不同的职业领域中取得成功。具体来说，一些职业需要较强的沟通能力、创造力、适应性和坚韧性等性格特质，而另一些职业则需要更加稳重、细心、责任心和执行力等性格特质。

例如，管理者通常需要具备决策能力、人际沟通能力和情绪管理能力等性格特质，而技术专家则可能需要具备较强的逻辑思维、创新能力、实践经验和解决问题的能力等性格特质。此外，不同的职业对于员工的自我认知和自我激励能力也有不同的要求，例如销售人员需要具备积极的自我推销和谈判技巧，而科研人员则需要具备良好的学习能力。

因此，了解自己的性格特点并将其与职业要求相匹配，可以提高个人在职场中的竞争力和成功概率。

（四）自我性格认知的方法

自我性格认知的方法有很多，其中比较常用的有以下几种。

1.MBTI

MBTI 是 Myers-Briggs Type Indicator 的简称，它是一种基于心理学原理的性格分析工具，可以帮助个体更加深入地了解自己的性格类型、优点和弱点，并且能够预测个体在不同情境下的行为和表现。MBTI 由两部分组成，包括主题特征和背景特征。主题特征指的是一个人在生活中经常表现出来的特点，如外向或内向、感觉或直觉等；背景特征则是指个体所处的环境和文化背景等因素对其性格的影响。通过综合考虑这些因素，研究者可以判断一个人的整体性格类型。

2. 九型人格

九型人格是凯恩斯根据古希腊医学之父 Hippocrates 关于血液循环系统的观念，将人的性格划分为九种类型的概念。每种类型都有其独特的思维方式、情感反应和行为特征。九型人格理论认为，人的性格可以被归纳为九种类型，包括创造力、给予者、领导者、疑惑者、实干者、浪漫者、保守者和调停者。这些类型被认为是根据个体在处理社交关系和生活事件时所采取的不同方式或风格而划分的。九型人格理论强调了个体内在心理机制的多样性，并且对于个体如何有效地适应不同情境和环境提供了重要的指导。虽然九型人格理论在某些方面具有一定的科学性和应用价值，但也存在着一些缺陷和争议，因此并不能完全替代其他的性格分析方法。

（五）当代大学生的性格特点

当代大学生的性格特点可以从多个方面进行总结（图 2-5）。

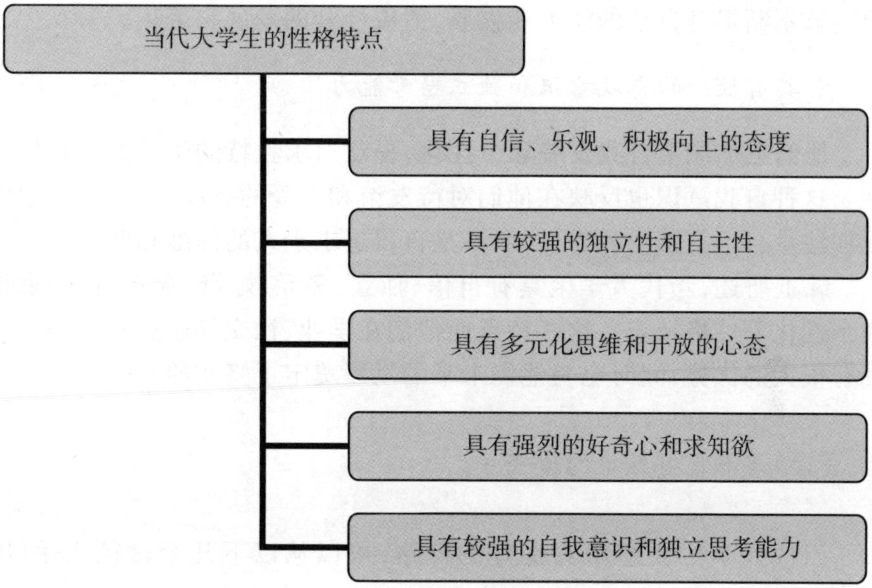

图 2–5　当代大学生的性格特点

1. 具有自信、乐观、积极向上的态度

这种自信心和积极向上的态度源于他们对自己能力和价值的高度认可，他们相信自己可以在各个领域中取得成功。

2. 具有较强的独立性和自主性

他们希望能够独立思考和解决问题，并且不喜欢受到过多的限制和干扰。这种独立性也反映在他们对待爱情和婚姻的态度上，很多大学生更加注重自我选择和自由，而不是盲目追求别人的意见。

3. 具有多元化思维和开放的心态

他们能够接受不同的文化和价值观，并且能够在不同的领域中表现出色。这种多元化思维能力使他们在学业、社交和职业发展等方面都有很大的优势。

4. 具有强烈的好奇心和求知欲

他们喜欢尝试新事物、接受挑战和变化，对新鲜的事物充满好奇心。这种好奇心和求知欲也体现在他们对知识和技能的追求上，大学生们希望能够不断提升自己的能力和素质，适应社会的发展和变化。

5. 具有较强的自我意识和独立思考能力

他们更加注重自我发展和个性化，喜欢追求独特的生活方式和价值观。这种自我意识也反映在他们对待友谊和恋爱的态度上，很多大学生更加注重自己的感受和需要，而不是盲目追求别人的标准和期望。

综上所述，当代大学生具有自信、独立、多元、好奇、求知、自我意识和个性化等性格特点。这些特点使他们在学业、社交和职业发展等方面都有很大的优势，同时也为他们未来的发展奠定了坚实的基础。

（六）培养良好性格的途径

当代大学生要想培养良好的性格，可以从以下几个途径入手（图2-6）。

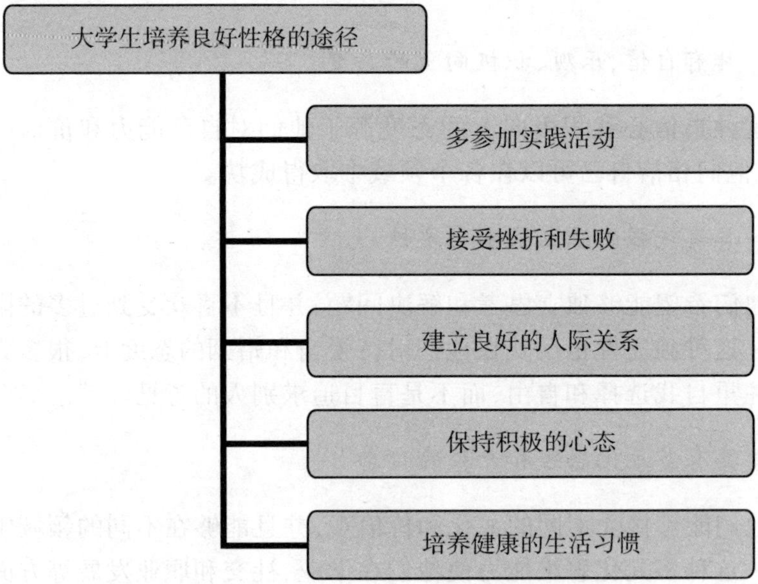

图 2-6　大学生培养良好性格的途径

1. 多参加实践活动

大学生可以通过参加社团、志愿者活动、校园文化活动等实践活动，增强自己的社交能力和领导能力，同时也可以锻炼自己的沟通和协作能力。

2. 接受挫折和失败

大学生在成长过程中难免会遇到挫折和失败，但是他们需要学会面对这些挑战，并从中吸取经验和教训。

3. 建立良好的人际关系

大学生可以通过与他人建立良好的人际关系，包括与老师、同学、室友等人的交往，来提升自己的情商和沟通能力。

4. 保持积极的心态

大学生可以通过保持积极的心态，如运动、阅读、旅行等方式，来缓解压力、调节情绪，从而更好地适应各种挑战和变化。

5. 培养健康的生活习惯

大学生可以通过养成健康的生活习惯，如饮食、睡眠、运动等方式，来保持身体健康和良好的精神状态。

第三节　能力认知与价值观认知研究

一、能力认知

（一）能力的概念

能力指的是做事的本领，反映了个体在某一工作中完成各种任务的可能性。

（二）自我能力探索

即将毕业的大学生应该具备以下能力（表 2–4）。

表 2–4　即将毕业的大学生应该具备的能力

能力	具体阐述
专业知识和技能	大学生应该具备扎实的专业知识和技能，这是成为一名优秀的职场人才的基础
英语能力	在全球化的背景下，英语已经成为一种重要的国际交流工具。大学生应该具备流利的英语口语和书写能力，以及阅读和理解专业英文文献的能力
计算机应用能力	现代社会已经进入信息时代，计算机应用能力已经成为职场中必不可少的一项技能。大学生应该具备熟练的计算机操作技能，如办公软件应用、数据分析等
团队合作能力	在当今的职场中，团队合作已经成为一种重要的竞争力。大学生应该具备良好的团队协作能力和沟通能力，能够与他人合作完成任务，并且在遇到困难时能够积极寻找解决方案
自我管理能力	大学生应该具备良好的自我管理能力，包括时间管理、健康管理、财务管理等。这样能够更好地平衡学习和工作，提高效率和生活质量
创新创业能力	随着科技的不断进步和商业环境的不断变化，创新创业能力已经成为职场中非常重要的一项能力。大学生应该具备创新意识和创业精神，能够开展创新性的工作和业务，为企业或组织带来创新价值
适应变化的能力	职场中经常会遇到各种变化和挑战，大学生应该具备适应变化的能力，能够根据情况做出相应的调整和应对
责任心和诚信	大学生应该具备责任心和诚信，能够认真履行自己的职责，遵守职业道德和法律法规

这些能力都是当代大学生在职场中需要具备的基本能力，也是成为一名优秀的职场人才所需要的综合素质。

（三）能力与职业的关系

一个人的能力可以影响他在职场中的表现和发展，而职业则是个人所从事的具体工作。

1. 一个人的能力可以帮助他更好地适应职业环境和要求

一个人的能力包括专业知识、技能、英语能力、计算机应用能力等，这些能力可以让他更加熟练地掌握工作技能和知识，更好地完成工作任务。此外，一个人的能力也可以反映出他的学习能力、创新能力、解决问题的能力、沟通能力等个性特征，这些特征可以让他在职场中更加有竞争力，并且更容易取得成功。

2. 职业对个人能力提出了具体的要求

不同的职业对能力的要求也有所不同，比如有些职业需要具备某些特定的技能、经验、背景等。因此，大学生在选择职业时，应该根据自己的能力和兴趣进行综合考虑，找到最适合自己的职业方向。

3. 能力与职业之间的关系还体现在职业发展上

随着社会的不断发展和变化，职场中的要求也在不断变化。一个人的能力可以帮助他更好地适应职业发展的趋势和要求，从而实现职业发展和个人价值的双赢。

因此，我们可以看到能力与职业之间的关系是相互依存、相互影响的。一个人的能力可以帮助他更好地适应职业环境和要求，而职业则是个人所从事的具体工作。在职场中，个人的能力可以为他们的职业发展带来优势，而职业发展又可以促进个人能力的提升和发展。

（四）职业能力认知

职业能力是指个人在职业生涯中所表现出来的综合素质和能力，包括专业知识、技能、沟通协调能力、创新能力、责任心、执行力等多个方面。职业能力对于个人在职场中的表现和发展具有重要的影响，是个人竞争力的重要体现。

职业能力与个人所从事的具体工作密切相关，不同的职业对能力的要求也有所不同。比如，一些需要高度专业知识和技能的工作，如医疗、金融、法律等，以及需要快速反应和灵活性的工作，如市场营销、项目管理等，都需要较高的职业能力。而一些注重经验和实践的工作，如教育培训、科研、设计等，则更加注重个人的经验和实践能力。

除了专业能力外，职业能力还包括个人的团队合作能力、解决问题的能力、适应变化的能力等。这些能力可以帮助个人在职场中更好地与他人合作、解决问题、适应变化，从而更好地完成工作任务，实现个人的职业发展和价值。

在当今的职场中，职业能力已经成为一个人取得成功的关键因素之一。那些具备良好的职业能力，如专业知识、技能、沟通协调能力、创新能力、责任心、执行力等的人，往往更容易在职场中取得成功，并且获得更高的薪资和福利待遇。因此，大学生在选择职业时，应该注重培养和提升自己的职业能力，尤其是那些与就业前景和未来发展息息相关的能力，如英语能力、计算机应用能力、团队合作能力、创新创业能力等。

（五）不同能力类型的职业倾向

根据能力类型的不同，可以将职业划分为多种类型。以下是一些常见的职业类型及其对应的能力类型。

1. 专业人员

包括医生、律师、教师、科研人员等，这些职业需要具备深厚的专业知识和技能，如临床医学、法律、工程学等。他们需要具备较高的分析和解决问题的能力，以及良好的沟通和团队协作能力。

2. 管理人员

包括项目经理、销售经理、人力资源经理等，这些职业需要具备领导、组织、协调、沟通等能力，以及敏锐的市场洞察力和商业意识。他们需要具备优秀的逻辑思维和判断能力，以及出色的人际沟通和谈判技巧。

3. 技术人员

包括软件工程师、网络工程师、机械工程师等，这些职业需要具备扎实的技术知识和技能，如编程、设计、制造等。他们需要具备较强的创新能力和解决问题的能力，以及严密的逻辑思维和细心的工作态度。

4. 艺术 / 创意人员

包括摄影师、设计师、动画师、音乐家等，这些职业需要具备丰富的想象力和创造力，如艺术、文学、电影、广告等。他们需要具备独特的审美眼光和创意思维，以及灵活的表现和执行能力。

5. 服务性岗位

包括客户服务代表、酒店前台接待员、餐厅服务员等，这些职业需要具备耐心、细心、亲和力等服务意识和技能，如礼仪、沟通、情绪管理等。他们需要具备良好的人际交往能力和应变能力，以及热情周到的服务态度。

这些职业类型都需要具备不同的能力和素质，包括专业知识、技能、经验、背景等。因此，在选择职业时，应该根据自己的兴趣、能力和职业发展规划进行综合考虑，选择最适合自己的职业方向。

(六)自主提升职业能力的方法

自主提升职业能力的方法有以下几种(图 2–7)。

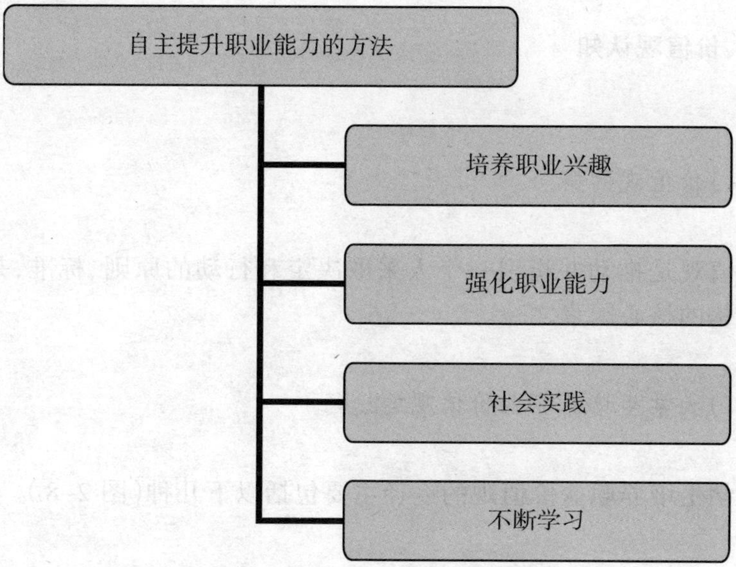

图 2–7　自主提升职业能力的方法

1. 培养职业兴趣

职业兴趣是推动一个人选择职业的内在动力。可以通过自我探索、社会交往以及参加实践活动等方式来培养职业兴趣。

2. 强化职业能力

职业能力是一个人顺利完成某项职业任务所必须具备的心理条件，是一个人能够胜任某项职业的实际本领。可以通过参加专业培训、实习、自学等方式来提高职业能力。

3. 社会实践

社会实践是培养职业素质的重要途径，可以通过参加各种实践活动，如志愿服务、科技创新、文化体育等，来提高自己的职业素质。

4. 不断学习

职业发展的过程也是不断学习的过程，要不断更新自己的知识和技能，以适应职业发展的需要。可以通过参加培训、自学、在线学习等方式来不断学习。

二、价值观认知

（一）价值观的概念

价值观是推动并指引一个人采取决定和行动的原则、标准，是个性心理结构的核心因素之一。

（二）大学生培养职业价值观的途径

大学生培养职业价值观的途径主要包括以下几种（图 2-8）。

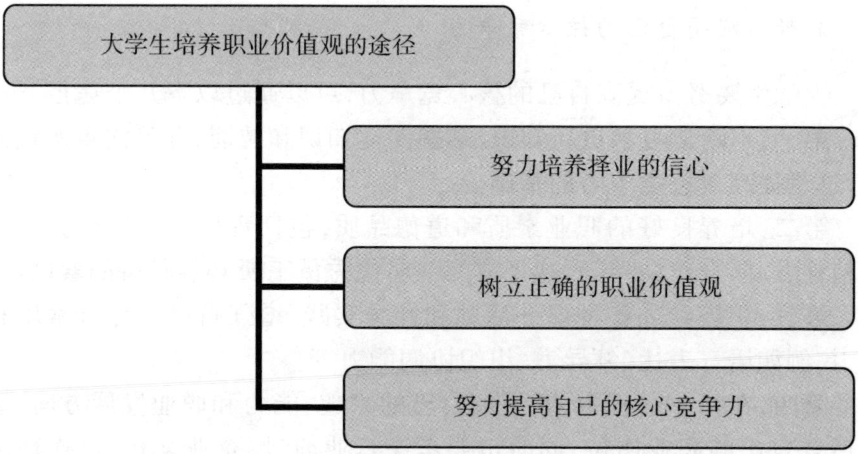

图 2-8　大学生培养职业价值观的途径

1. 努力培养择业的信心

第一，开展社会实践和志愿服务活动，增强对不同职业的认同感和责任感，增强职业素质和心理健康水平。

第二，充分利用校园文化和网络媒体，积极开展职业价值观教育，引导大学生树立正确的职业观，增强职业素质和心理健康水平。

2. 树立正确的职业价值观

第一，认真学习专业知识，掌握扎实的理论基础，这是从事任何职业的前提。

第二，在工作中，要有责任感和独立性，认真履行自己的职业职责，同时也要注重团队合作，与同事们共同努力，实现工作目标。

第三，在追求职业成功的同时，也要关注自己的职业道德和职业形象，保持诚信、公正、敬业的职业态度，建立良好的职业口碑。

第四，在面对就业压力和竞争时，要保持乐观向上的心态，同时，也要学会调节自己的情绪和心态，避免过度焦虑和压力过大。

第五，在择业过程中，要遵守法律法规和职业道德，维护自身的合法权益和社会形象。同时，也要尊重用人单位的招聘和录用决定，珍惜自己的工作机会和工作经验。

3. 努力提高自己的核心竞争力

大学生要努力提高自己的核心竞争力，可以通过以下几个途径。

第一，不断学习和更新知识，掌握专业知识和技能，并且注重实践操作，这是提高核心竞争力的基础。

第二，培养良好的职业素质和道德品质，包括责任感、沟通能力、创新精神、团队合作精神等，这是成为一名优秀员工所必须具备的素质。

第三，积极参加各种课外活动和社会实践，增强自己的综合素质和能力，例如语言表达、领导力、组织协调能力等。

第四，在择业过程中，要了解自己的兴趣、能力和职业发展方向，选择适合自己的职业岗位，同时也要考虑行业前景、企业文化、工作环境等因素。

第五，不断拓展自己的人际关系网络，建立广泛的社交圈子，结交志同道合的朋友和导师，获取更多的职业信息和机会。

第六，善于思考和总结，及时反思和总结自己的经验和教训，不断改进和提高自己的能力和水平。

第三章

做好准备：大学生就业准备研究

目前，很多大学生在毕业之后会选择直接就业，但由于毕业生较多等原因，大学生的就业问题较严峻，这对大学生的成功就业造成了很大的影响。对此，大学生一定要做好就业的准备工作，唯有如此，才能在竞争中脱颖而出，顺利就业。

第一节 就业知识的准备

一、大学生合理的知识结构

大学生合理的知识结构应当包括以下几个方面（图 3-1）。

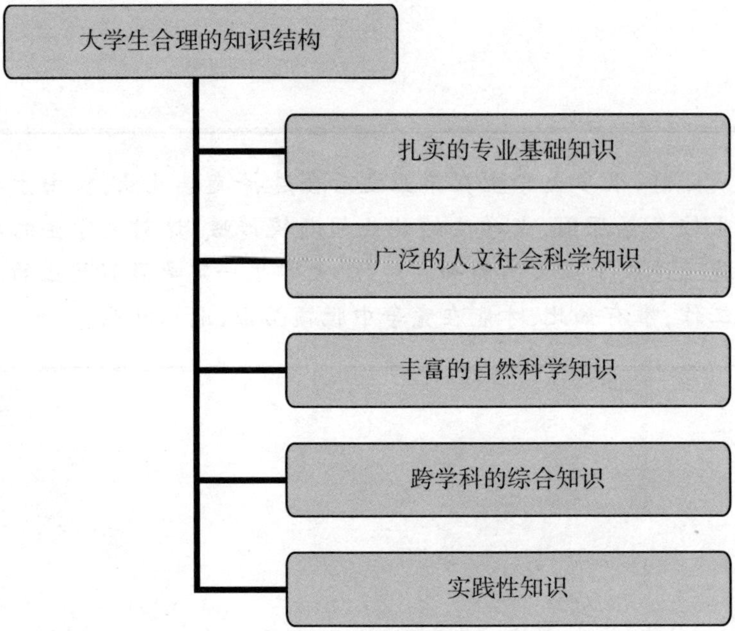

图 3-1 大学生合理的知识结构

（一）扎实的专业基础知识

对于大学生来说，扎实的专业基础知识是未来进一步深造和从事相关工作的前提条件。

（二）广泛的人文社会科学知识

人文社会科学知识的学习可以帮助大学生更好地了解人类历史、社会制度、道德伦理、文化艺术等方面的知识，这些知识对于大学生的综合素质提高和职业发展都有着不可替代的作用。

（三）丰富的自然科学知识

自然科学知识的学习对于理工科类的大学生来说尤为重要，因为现代科技领域的发展越来越依赖于对自然规律的探索和应用。虽然与人文社会科学知识相比，自然科学知识的实用性可能相对较低，但是通过系统的学习，可以培养大学生的创新意识和实践能力。

（四）跨学科的综合知识

随着社会的发展和各个领域之间的交叉融合，跨学科的综合知识变得越来越重要。因此，大学生应当注重学习多学科的知识，例如经济学、管理学、法学、心理学、教育学等，这样可以使他们在未来的职业生涯中更好地适应不同领域的需求。

（五）实践性知识

实践性知识是指那些直接来源于实际工作或生活场景的知识，例如课程设计、毕业论文、实习经验等。尽管这些知识与理论知识相比可能显得略微枯燥，但是通过实践性知识的学习，可以使大学生更好地了解行业内的实际情况和工作流程。

总之，大学生合理的知识结构应当涵盖广泛的学科领域，并且注重实践性知识的学习，以便他们在未来的职业和个人发展中获得更多的机会和优势。

二、大学生如何做好知识准备

作为大学生，要做好知识准备，可以考虑以下几点（图 3–2）。

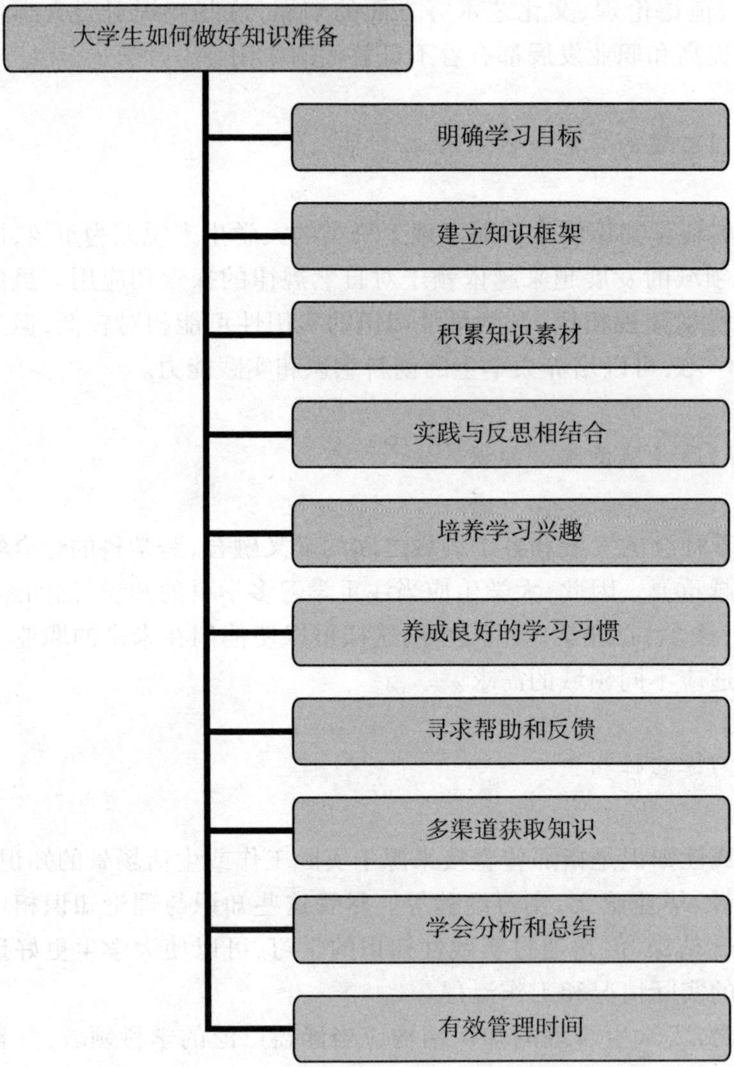

图 3–2　大学生如何做好知识准备

（一）明确学习目标

大学生应该清楚自己的学习目标，明确想要学习什么知识、掌握哪些技能。他们应该制定一个学习计划，并努力实现它。

（二）建立知识框架

大学生可以通过阅读、听讲座、参加课程等方式来建立自己的知识框架，了解各个领域的基本概念和基础知识。

（三）积累知识素材

大学生积累知识素材的方法有很多种。以下是一些常见的方法。

1. 阅读文献资料

阅读各种文献资料，包括期刊论文、书籍、报告等，可以帮助大学生了解各个领域的最新研究进展和前沿动态。

2. 听讲座和讨论

参加各种讲座和讨论，可以帮助大学生了解各个领域的前沿知识和发展趋势，同时也可以结交志同道合的朋友。

3. 学习历史和传统

学习各种历史和传统，可以帮助大学生了解各个领域的发展历程和文化背景，同时也可以拓宽自己的知识面和视野。

（四）实践与反思相结合

大学生在学习过程中需要不断实践和反思，将所学知识运用到实际情况中，并不断加深自己的理解和应用能力。

（五）培养学习兴趣

通过培养学习兴趣，大学生可以积累知识并将所学知识运用到实际中。通过培养学习兴趣，大学生可以更加主动地学习和探究各种知识，不断扩展自己的知识面和视野，提高自己的综合素质和专业能力。同时，学习兴趣还可以激发个体的学习热情和动力，使其在学习过程中保持持久的动力和兴趣，从而更好地应对学习和工作中的挑战。

具体来说，大学生可以通过多样化的学习活动和实践经验来培养学习兴趣，如参加课外学术团队、科研竞赛、志愿服务等活动；尝试新的学习方法和技巧，如慕课、翻转课堂、虚拟实验等；积极向他人请教和交流，如与老师、同学、家人交流学习心得和体会，听取成功者的经验和故事等。通过这些方式，大学生可以逐渐形成自己的学习兴趣和动力，从而更加自主地学习和探索各种知识，为今后的学习和工作打下坚实的基础。

（六）养成良好的学习习惯

养成良好的学习习惯确实可以为大学生储备知识提供有益的帮助。在学习过程中，大学生可以不断地积累知识和技能，从而更好地适应社会和职业发展的需要。

首先，制定学习计划可以帮助大学生合理规划学习时间，明确学习目标和任务，避免无序和漫无目的的学习。

其次，主动学习可以激发个体的学习兴趣和动力，使其更加自主地投入到学习中。

再次，善于总结归纳可以将所学知识进行分类、整理和总结，形成自己的知识框架和体系，使个体更好地掌握各种知识和技能。

最后，独立思考可以帮助大学生避免盲目地跟随他人的观点和想法，积极探索和思考问题的本质和原因，培养自己的思辨能力和创新精神。

除此之外，大学生还应该积极参加各种实践活动，从而更好地应对学习和工作中的挑战。通过实践，大学生可以将所学知识应用到实际情况中，检验和巩固自己的理解和应用能力，同时也可以结交志同道合的朋友，拓展自己的人际关系和社交网络。

总之，养成良好的学习习惯可以帮助大学生更好地掌握各种知识和技能，为未来的学习和工作打下坚实的基础。

（七）寻求帮助和反馈

大学生通过寻求帮助和反馈来获取知识是非常重要的一种学习方式。在学习过程中，大学生可能会遇到各种困难和问题，如果能够及时得到他人的帮助和反馈，就能够更好地理解和掌握所学知识，并不断改进自己的学习方法和技巧。

首先，大学生可以向老师、同学或专业人士寻求帮助和反馈。与他人交流和讨论问题，可以从他人的经验和观点中获取新的思路和视角。

其次，大学生可以通过参加课程评估、作业/项目报告、考试等环节来获取反馈和帮助。这些环节可以让个体了解自己的优势和不足，从而更好地提高自己的学习效果和水平。

最后，大学生应该养成自我反思和总结的习惯，定期回顾自己的学习过程和成果，以便更好地适应未来的学习和工作需要。

（八）多渠道获取知识

大学生可以通过多种渠道获取知识。

1. 课堂学习

大学的授课形式多样，包括讲座、论文阅读、实验和项目研究等，学生可以在课堂上学习到各种理论知识和实践技能。

2. 图书馆资源

大学图书馆拥有丰富的藏书、期刊和数字资源，学生可以借阅或购买相关书籍、杂志和音频视频材料来扩展自己的知识面。

3. 网络资源

大学校园里通常都有免费开放的计算机房和电子阅览室，学生可以在那里查找并下载各种学术资源，如科技论文、教程、报告和演示文稿等。

4. 实践经验

大学提供了很多实践机会，如社团活动、科研项目、义工服务和公益活动等，学生可以通过参与这些活动来积累实践经验，加强对所学知识的理解和应用能力。

5. 人际交往

大学是一个充满人际互动和社交的环境，学生可以通过参加各种社团、组织和协会等组织来结交志同道合的朋友，并了解不同领域的知识和文化。

6. 兼职实习

大学生可以通过参加各种兼职和实习活动来积累实践经验，了解行业动态和职业要求，为将来的职业发展打下基础。

（九）学会分析和总结

大学生在学习过程中需要学会分析和总结。分析可以帮助我们更好地理解所学内容，总结则可以帮助我们将所学内容整合起来。

（十）有效管理时间

大学生通过有效管理时间做好知识储备是非常重要的。在大学里，我们有更多的自由时间和机会，但同时也面临着更大的挑战。如何合理规划时间并有效地进行知识储备，对于大学生来说是非常重要的。

第一，制定合理的学习计划。大学生应该根据自己的专业和兴趣制定一个合理的学习计划，包括每天的学习时间、学习内容、复习时间等。这样可以使学习更加有计划性，避免浪费时间。

第二，要养成良好的学习习惯。在学习中，大学生应该专注于学习任务，避免分心或者被外界干扰。同时，应该及时复习所学内容，加强记忆，并在需要时进行适当的练习和拓展。

第二节　就业能力的准备

一、通用能力

通用能力是指在一定范围内不受学科、专业和岗位限制的通用性知识和技能。它是企业选拔和培养人才的重要标准之一。概括来说，通用能力主要包括以下几方面（图 3–3）。

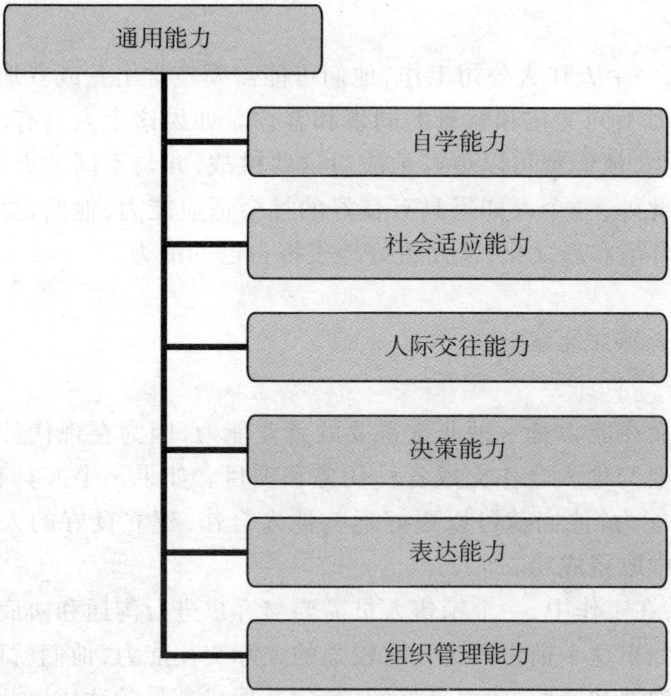

图 3–3　通用能力

（一）自学能力

自学能力是一种非常重要的就业能力，在当今社会中，拥有自学能力的人往往更容易适应变化和竞争，并且能够更好地实现自己的职业目标。

例如，在工作中需要不断学习和适应新技术、新方法的情况越来越多。具备自学能力的人可以通过自主学习来掌握这些知识和技能，从而更好地适应工作需求并提高工作效率。此外，自学能力还可以让个人在竞争激烈的就业市场中脱颖而出，因为它可以让个人更加灵活地适应变化，从而抓住机会并取得成功。

（二）社会适应能力

在现代社会中，人们经常会面临各种挑战和变化，如果一个人具有良好的社会适应能力，他们就可以更好地适应这些挑战并在职场中取得成功。

例如，一个人在大公司工作，他们可能需要经常出差或者加班，而且可能会面对不同文化和背景的同事和客户。如果这个人具有较强的社会适应能力，他们就可以更好地应对这些挑战，并与不同的人建立良好的关系。此外，一个人如果具有良好的社会适应能力，他们也可以更好地适应新环境和新文化，从而更好地发挥自己的潜力。

（三）人际交往能力

人际交往能力是一种非常重要的就业能力，因为在现代社会中，人们经常需要与他人合作完成各种任务和项目。如果一个人具有良好的人际交往能力，他们就可以更好地与他人合作，建立良好的人际关系，并在职场中取得成功。

例如，在工作中，一个销售人员需要与客户进行沟通和协商，才能达成交易。如果这个销售人员具有较强的人际交往能力，他们就可以更好地与客户沟通和协商，建立良好的关系，并促成交易的达成。此外，一个领导者也需要具备良好的人际交往能力，才能有效地管理团队，激励员工，并实现组织目标。

（四）决策能力

决策能力是指在考虑了各种因素和可能性后，做出最佳决策的能力。决策能力可以帮助个人在职场中更好地做出决策，并取得成功。在决策过程中，个人需要具备冷静思考、客观分析和果断行动的能力。

（五）表达能力

1. 口头表达能力

口头表达能力是指用口头语言来表达自己的思想、情感的一种能力。以下是一些培养口头表达能力的方法。

第一，多读书、多看书，学习如何表达准确、生动、有趣，掌握各种表达技巧。

第二，练习演讲和辩论，与他人交流想法，不断改进自己的表达能力。

第三，认真听取别人的意见和反馈，及时修正自己的表达方式。

第四，注意语气和语调，用温和、礼貌的语气表达自己的想法，避免使用攻击性或带有侮辱性的语言。

第五，多参加社交活动，与他人互动交流，增加自己的社交经验和口头表达能力。

第六，对自己的表达内容进行录音或录像，并仔细分析自己的不足之处，有针对性地进行改进。

综上所述，培养口头表达能力需要不断练习、注重积累经验、不断改进自己的表达方式，同时也要注意个人的心理素质和情绪控制能力，以便在各种场合下都能够自信、流畅地表达自己的观点和想法。

2. 书面表达能力

书面表达能力是指使用书面语言来表述和交流的能力，包括选词用句、结构安排、篇章布局等方面。书面表达能力要求具备准确、简明、通顺、条理清晰等方面的能力。培养书面表达能力需要认真学习语言知识、掌握各种表达技巧，并且要注重规范化、逻辑化和标准化的写作方式。以下是一些培养书面表达能力的方法。

第一，注重词汇和语法。选择合适的词汇和句型，正确使用标点符号，可以帮助提高书面表达能力。

第二，进行写作练习。通过写作练习，可以提高遣词造句的能力，同时也可以锻炼思考和组织语言的能力。

第三，多读多看。阅读优秀的书籍和文章，学习别人的表达方式和技巧，可以帮助提高自己的书面表达能力。

第四，善于模仿和借鉴。观察优秀的作家和演讲者的表达方式和风格，并尝试模仿和借鉴，可以帮助提高自己的书面表达能力。

第五，认真修改和反复锤炼。写完文章后，要认真修改和反复锤炼，不断推敲和修正自己的表达方式和技巧，以便提高自己的书面表达能力。

第六，参加写作班或请教专业人士。参加写作班或请教专业人士，可以得到更为专业的指导和建议，帮助提高自己的书面表达能力。

（六）组织管理能力

组织管理能力是指在组织中担任管理职务，制定和实施组织战略、计划、政策和程序，领导团队完成目标的能力。它是现代人才必备的重要能力之一，也是很多企业招聘时非常看重的能力之一。以下是一些培养组织管理能力的方法。

第一，学习领导力和管理技能。参加相关的组织管理课程和培训，学习领导力和管理技能，如沟通、激励、决策、团队协作等。

第二，制定清晰的目标和计划。在制定组织战略、计划和政策时，要有明确的目标和计划，并根据目标和计划制定行动计划。

第三，培养优秀的团队合作精神。让团队成员相互信任、相互支持、共同成长。

第四，激励和奖励团队成员。激励和奖励团队成员可以增强团队凝聚力和工作热情，同时也可以提高团队绩效。

二、专业能力

专业能力是一种深度的知识储备和技能积累，可以帮助人们在各种情况下快速、准确地解决问题，并且具有普遍适用性和可迁移性。

（一）专业基础理论知识

专业基础理论知识是指在某个特定的学科或领域中，需要掌握的基本概念、原理和方法。大学生掌握专业基础理论知识的重要性体现在以下几个方面。

1. 增强职场竞争力

拥有扎实的专业基础理论知识可以帮助大学生更好地理解和应用所学知识，提高他们的职场竞争力，使他们更容易获得工作机会和职业发展。

2. 增加专业认同感

通过系统地学习专业基础理论知识，大学生可以更好地理解自己所学的专业，增加对所学专业的认同感和自豪感。

3. 增强就业竞争力

在求职市场上，拥有扎实的专业基础理论知识可以让大学生更具有竞争力，尤其是在一些对专业知识要求较高的行业和职业中，如科研机构、金融机构、教育机构等，掌握专业基础理论知识可以更好地满足招聘单位的要求。

4. 拓展视野和思路

专业基础理论知识的学习可以帮助大学生拓宽视野和思路，了解不同学科和领域的知识和研究方法，从而更加开阔眼界和思路，为未来的学习和工作打下更加广泛的基础。

（二）专业基本技能

专业基本技能是指在某个特定的领域或行业中，需要掌握的基本技术和方法。为了培养大学生掌握专业基本技能，可以采取以下方法。

1. 加强实践教学

在课程设置中增加实践环节的比重，让学生更多地接触和练习专业基本技能。同时，鼓励学生参加一些与专业相关的实践活动。

2. 开设专业课程

在大学阶段开设与专业相关的系统性课程，如计算机编程、外语口语、财务管理等，让学生全面掌握专业基本技能。

3. 推行项目式教学

将课程内容分解成若干个小项目或任务，让学生在完成项目的过程中逐步掌握专业基本技能。

4. 引导自主学习

通过自主学习和探索，提高他们的专业技能和综合素质。

三、创新能力

创新能力是指在掌握某种知识和技能的基础上，运用已有的思维模式、方法和资源，产生出具有一定社会或个人价值的成果的能力。以下是一些可以培养创新能力的方法（图 3–4）。

（一）激发好奇心和求知欲

通过提问、探究、实验等方式，激发学生的好奇心和求知欲，引导他们主动思考、发现问题并寻找解决方案。

（二）培养想象力和创造力

鼓励学生大胆想象、敢于尝试，提供丰富多彩的创意作品展示平台和机会，让他们充分发挥想象力和创造力。

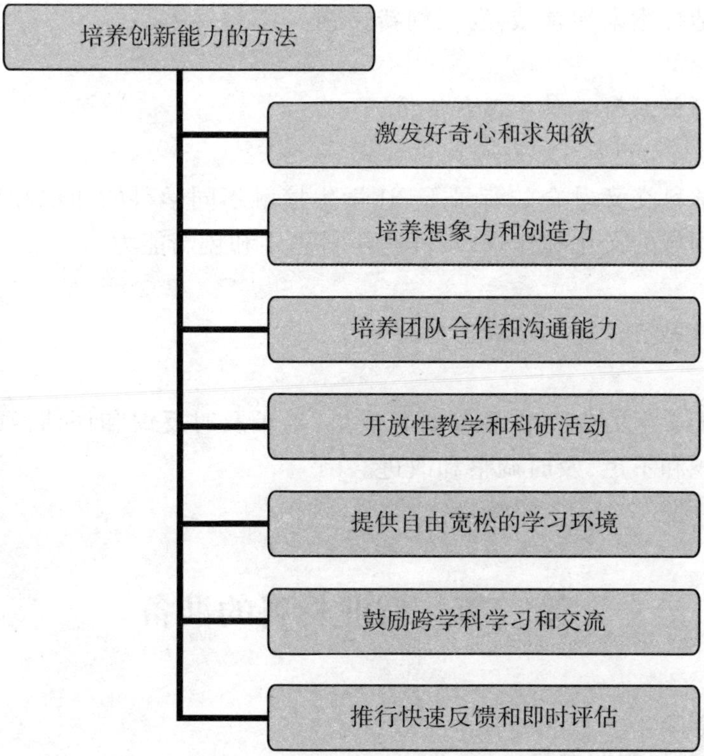

图 3-4　培养创新能力的方法

（三）培养团队合作和沟通能力

在学习和研究中，让学生参与小组项目或讨论，培养他们的团队合作和沟通能力、创新思维和解决问题的能力。

（四）开放性教学和科研活动

通过开放性教学和科研活动，鼓励学生提出问题、质疑权威、勇于挑战传统观念，培养创新思维和批判性思维能力。

（五）提供自由宽松的学习环境

鼓励学生独立思考、自由表达，提供自由宽松的学习环境，让他们更加自信地探索未知领域，发掘创新灵感。

（六）鼓励跨学科学习和交流

在学科交叉融合的背景下，让学生接触不同学科的知识和思想，了解不同领域的文化和背景，培养跨学科思维和创新能力。

（七）推行快速反馈和即时评估

对于学生的创新作品或研究成果，给予及时反馈和评估，帮助他们发现问题和不足，及时调整和改进。

第三节　就业材料的准备

一、获得就业信息

（一）搜集就业信息的原则

搜集就业信息的原则包括以下几个方面（图 3-5）。

1. 目标明确

在搜集就业信息时，要明确自己的职业发展目标和就业需求，以便更好地选择合适的职业机会。

2. 广泛收集

就业信息来源广泛，包括网络、公开数据库、行业协会和组织、招聘会和校园招聘、职业资讯和报告等，要尽可能多地收集相关信息。

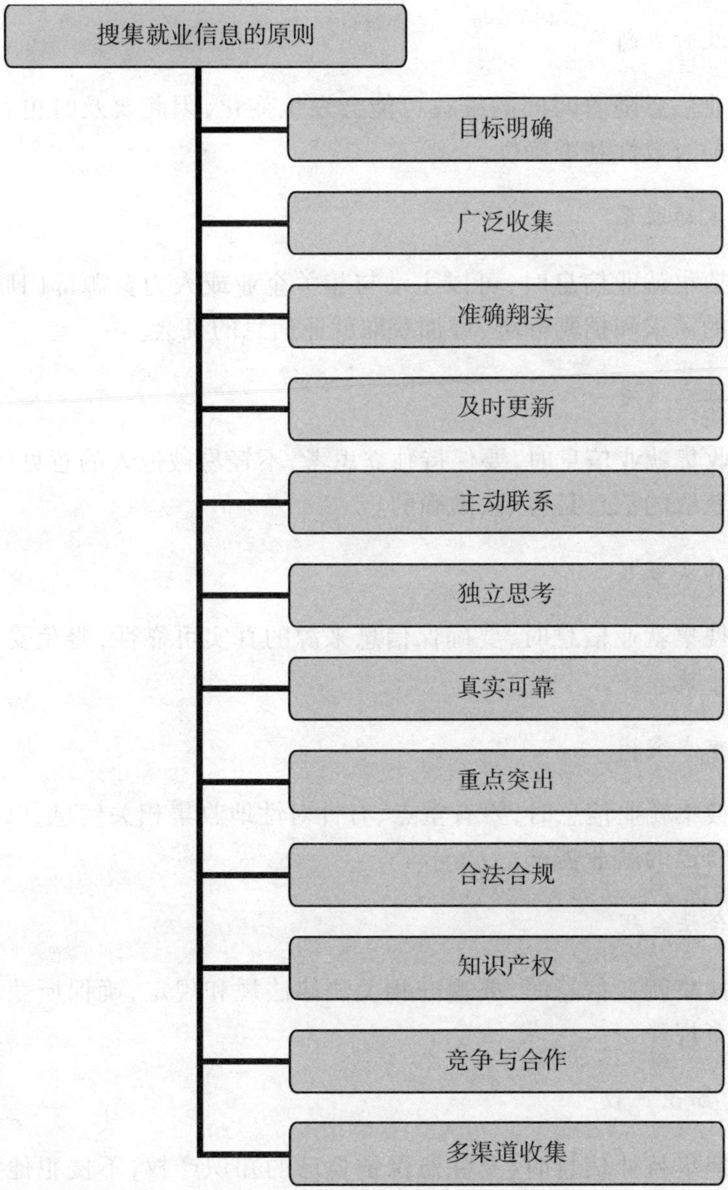

图 3-5　搜集就业信息的原则

3. 准确翔实

收集到的就业信息要尽可能准确、翔实，避免出现错误或偏差。

4. 及时更新

就业信息随着时间的推移可能会发生变化，因此要及时更新，以保证信息的时效性和准确性。

5. 主动联系

在搜集就业信息时，可以主动与相关企业或人力资源部门联系，了解他们的需求和招聘标准，增加获取就业信息的机会。

6. 独立思考

在收集就业信息时，要保持独立思考，不轻易被他人的意见所左右，确保所获取的信息是客观、准确的。

7. 真实可靠

在搜集就业信息时，要确保信息来源的真实可靠性，避免受到虚假信息的干扰。

8. 重点突出

在搜集就业信息时，要有重点、有针对性地收集相关信息，以便更好地满足自己的就业需求。

9. 合法合规

在搜集就业信息时，要遵守相关法律法规和规定，确保所获取的信息合法合规。

10. 知识产权

在搜集就业信息时，要注意保护自己的知识产权，不侵犯他人的知识产权。

11. 竞争与合作

在搜集就业信息时，要充分了解市场竞争和合作的情况，以便更好地制定自己的职业发展计划。

12. 多渠道收集

在搜集就业信息时，要采用多种渠道收集信息，包括网络、公开数据库、招聘会和校园招聘等，以便获取更全面、更准确的信息。

（二）搜集就业信息的渠道

就业信息搜集的渠道有很多，概括来说主要包括以下几种（图3-6）。

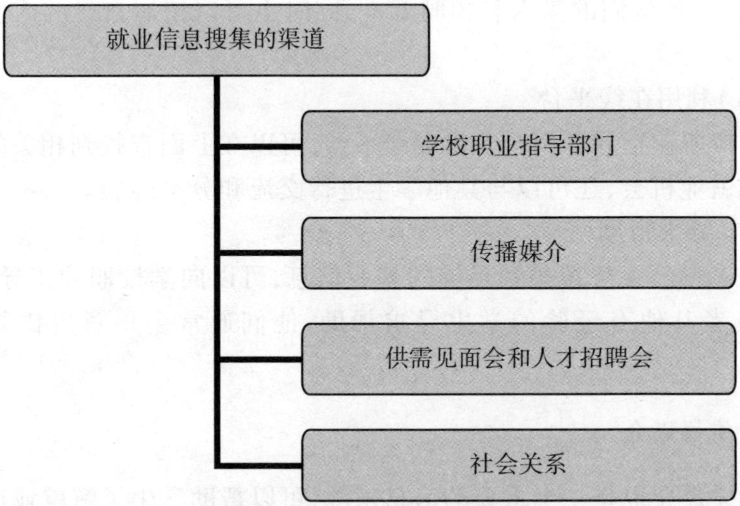

图 3-6 就业信息搜集的渠道

1. 学校职业指导部门

学校职业指导部门是一个重要的信息来源渠道，可以帮助学生了解就业市场上的情况和就业机会。以下是通过学校职业指导部门搜集就业信息的一些方法。

（1）参加职业指导讲座

学校职业指导部门通常会定期组织职业指导讲座，可以邀请相关领域的专家或企业人士为学生介绍就业市场情况和就业机会。

（2）阅读职业报告

学校职业指导部门会定期发布职业报告，其中包含了行业趋势、市场需求、就业机会等方面的信息，可以从中了解到最新的就业动态。

（3）联系职业指导老师

学校职业指导部门通常会有专门的职业指导老师，可以向他们咨询就业市场情况和就业机会，他们通常拥有丰富的经验和资源。

（4）加入职业社群

学校职业指导部门通常会建立职业社群，可以在社群中了解到最新的就业信息和就业机会，还可以与其他学生进行交流和分享经验。

（5）参加招聘会

学校职业指导部门会组织或者参加各种招聘会，可以直接与用人单位沟通，了解他们的需求和招聘标准，同时也可以拓展自己的人脉和职业圈子。

（6）利用在线平台

学校职业指导部门会开设在线平台，可以在上面查找到相关的职业信息和就业机会，还可以与其他学生进行交流和分享经验。

（7）寻求帮助

如果自己无法搜集到足够的就业信息，可以向学校职业指导部门、老师或者其他有经验的学生寻求帮助，他们通常会乐意提供帮助和建议。

2. 传播媒介

传播媒介也是一个重要的信息来源，可以帮助学生了解就业市场上的情况和就业机会。以下是通过传播媒介搜集就业信息的一些方法。

（1）关注招聘网站

招聘网站是搜集就业信息的重要渠道之一，如智联招聘、前程无忧、BOSS 直聘等，可以在上面查找到大量的职位信息，包括企业介绍、岗位要求、薪资待遇等。

（2）关注就业类杂志

如《人力资源管理》《财经天下周刊》等，这些杂志会定期发布行业报告和就业趋势分析，从中可以了解到最新的就业动态和就业机会。

（3）关注微博、微信公众号

现在很多企业和机构都开设了微博、微信公众号，可以关注它们，及时获取最新的就业信息和招聘信息。

（4）关注高校就业网站

许多高校都建立了自己的就业网站，可以在上面查找到相关的就业信息和招聘信息，还可以与其他学生进行交流和分享经验。

（5）参加招聘会或论坛

参加招聘会或论坛可以直接与用人单位沟通，了解他们的需求和招聘标准，同时也可以拓展自己的人脉和职业圈子。

3. 供需见面会和人才招聘会

通过供需见面会和人才招聘会搜集就业信息是一种常用的方法，可以帮助您了解行业和职位需求情况。以下是一些建议。

（1）选择正规的招聘会或供需见面会

确保参加的是正规的招聘会或供需见面会，可以在政府部门或相关机构的官方网站上查找信息。

（2）准备好简历和求职信

在参加招聘会或供需见面会前，准备好自己的简历和求职信，并确保它们符合招聘会或见面会的要求。

（3）关注招聘信息

在参加招聘会或供需见面会时，关注招聘单位的信息，包括公司简介、招聘职位和联系方式等，这些信息可能会对您后续寻找工作有所帮助。

（4）与招聘人员建立联系

如果您有机会与招聘人员交流，不要害羞，勇敢地向他们咨询有关职位的更多信息，并表明您对该职位的兴趣。

（5）多渠道投递简历

除了在招聘会或供需见面会上投递简历外，还可以通过其他渠道，例如社交媒体、个人博客或专业网站等投递简历。

（6）关注招聘要求

在投递简历之前，仔细阅读职位要求，准备好面试时需要提供的相关材料。

（7）考虑其他机会

在寻找工作的过程中，不要仅仅局限于招聘会或供需见面会，可以考虑其他招聘渠道，例如猎头公司、人才中介机构等，这些机构可能会提供更多的招聘信息。

4. 社会关系

通过社会关系搜集就业信息是一种比较常见的方法，可以帮助了解行业和职位需求情况。以下是一些建议。

（1）利用老师、同学、朋友等关系

可以与他们联系并询问他们是否有就业机会或工作推荐。

（2）参加校友会或行业协会

可以加入相关的校友会或行业协会，并参加他们组织的活动和会议，从中获取就业机会和招聘信息。

（3）寻求第三方的帮助

如果需要更多的就业信息或推荐，可以考虑寻求第三方的帮助，例如招聘公司的 HR 部门或专业的职业指导机构等。

（三）搜集就业信息的内容

搜集就业信息的内容主要包括以下几方面（图 3–7）。

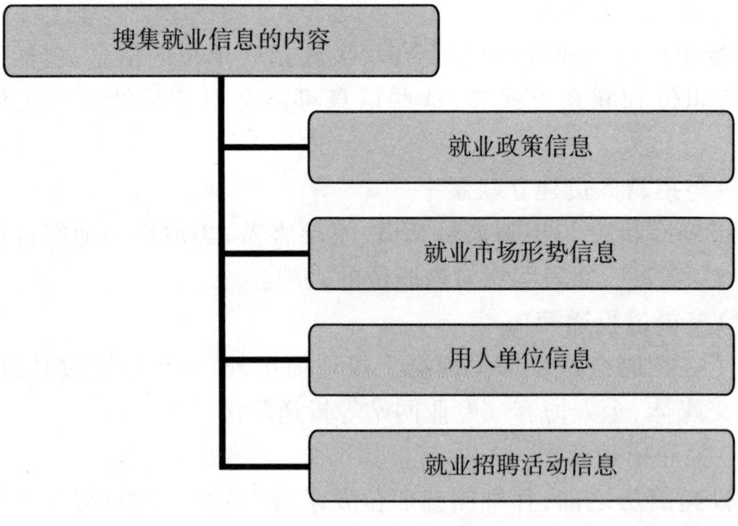

图 3–7　搜集就业信息的内容

1. 就业政策信息

就业政策信息包括国家和地方制定的就业政策和法规，以及各类就业补贴、税收优惠等政策。了解就业政策信息可以帮助大学生更好地把握就业机会和创业方向。

2. 就业市场形势信息

了解就业市场形势信息可以更好地了解就业市场的供需情况和变化趋势，从而更好地制定个人的职业规划和求职策略。以下是一些建议。

（1）关注国家和地方公布的就业数据和报告

政府和官方机构会定期发布就业市场的相关数据和报告，例如失业率、城镇调查失业率等信息，这些信息可以帮助大学生了解就业市场的整体情况和变化。

（2）关注媒体和社交网络上的就业信息

可以关注媒体和社交网络上的就业信息，例如招聘会、招聘广告、行业报告等，这些信息可以帮助您了解最新的就业市场动态和趋势。

（3）关注自己所在行业的就业状况

可以通过自己所在行业的协会、组织和专业网站等渠道，了解行业内的就业状况和趋势，以便更好地规划自己的职业发展方向。

（4）参加职业咨询和指导

可以参加专业的职业咨询和指导，了解自己的职业兴趣、能力和职业规划，从而更好地制定个人的职业规划和求职策略。

（5）主动寻找就业机会

可以通过各种途径，例如招聘会、人才中介机构、社交媒体等，主动寻找符合自己的就业机会，并积极利用各种就业资源。

3. 用人单位信息

了解用人单位信息可以帮助您更好地了解用人单位的需求和招聘标准，从而更好地制定个人的职业规划和求职策略。以下是一些建议。

第一，在政府部门和行业协会等机构的官方网站上查找用人单位的信息，例如企业介绍、招聘计划、员工福利等。

第二，参加用人单位组织的招聘活动或宣讲会，向招聘负责人咨询招聘信息和面试流程等。

第三，向自己的老师、同学、朋友等介绍用人单位的情况，并请求他们提供就业推荐或介绍工作。

第四，利用专业的人力资源服务机构，如猎头公司、人才中介机构等，寻找符合自己的就业机会。

第五，关注用人单位的社交媒体账号，了解他们的招聘信息和文化理念，以便更好地融入他们的企业文化。

4. 就业招聘活动信息

就业招聘活动信息包括各类招聘会、人才市场、职业介绍机构等发布的招聘信息和活动，以及政府部门和行业协会等组织的就业相关活动。了解就业招聘活动信息可以帮助大学生更好地制定个人的职业规划和求职策略，同时也可以帮助大学生了解不同类型的招聘活动，从而选择适合自己的求职途径。以下是一些建议。

第一，关注政府部门和行业协会等机构发布的就业招聘活动信息，例如失业率、城镇调查失业率、行业招聘需求等，这些信息可以帮助您了解就业市场的整体情况和变化。

第二，关注媒体和社交网络上的就业招聘信息，例如招聘会、招聘广告、行业报告等，这些信息可以帮助大学生了解最新的就业市场动态和趋势。

第三，关注自己所在行业的就业招聘状况，可以通过行业协会、组织和专业网站等渠道，了解行业内的招聘需求和趋势，以便更好地规划自己的职业发展。

第四，参加职业咨询和指导，了解自己的职业兴趣、能力和职业规划，从而更好地制定个人的职业规划和求职策略。

第五，主动寻找就业机会，可以通过各种途径，例如招聘会、人才中介机构、社交媒体等，主动寻找符合自己的就业机会，并积极利用各种就业资源。

第六，关注招聘公司的官方网站和App，了解他们的招聘信息和文化理念，以便更好地融入他们的企业文化。

（四）搜集就业信息时应克服的心理误区

1. 盲目追求热门行业

选择热门行业可能会让你更容易找到工作，但是热门行业竞争也会很激烈，而且可能不一定适合自己的兴趣和特长。

2. 只关注高薪职位

虽然高薪职位通常是就业市场上的热门选择，但是并不代表所有高薪职位都适合你。有些人可能更适合从事一些低薪但是稳定的工作。

3. 忽略招聘条件

很多求职者在找工作的时候只关注职位要求和工资待遇，却忽略了其他重要的因素，比如公司文化、工作环境等，这样可能导致你错失很好的机会。

4. 急于求成

有些人在找工作的时候急于求成，希望短时间内就找到一份理想的工作，但是找工作是一个需要耐心和时间的过程，需要慢慢积累经验和技能。

5. 缺乏准备

有些求职者在找工作的时候缺乏准备，没有做好充分的准备。没有准备可能会错失很多机会，甚至在面试时手足无措。

（五）分析就业信息

以下是一些可以帮助毕业生获得有效就业信息的建议。

1. 确定自己的求职目标

毕业生需要根据自己的实际情况和兴趣确定自己的求职目标，并结合自己的专业知识和技能制定求职计划。

2. 筛选信息

毕业生需要根据自己的实际情况和求职目标，筛选出与自己相关的信息，可以从招聘网站、社交媒体、行业报告等渠道获取关键词列表，筛选出重要信息，并留存起来。

3. 分析信息

在分析过程中，要注意分清主次，结合自己的实际情况和兴趣进行分析和处理。

4. 制定求职计划

毕业生需要根据自己分析和处理后得到的信息，制定出具体的求职计划，并结合自己的实际情况和求职目标进行调整。

5. 加强沟通和联系

毕业生在寻找工作的过程中，需要积极与用人单位联系，了解公司的招聘需求和职位信息。同时，也要与其他毕业生建立联系，分享就业信息和经验，相互支持和帮助。

（七）利用就业信息

毕业生可以利用就业信息来制定个人的求职计划和发展方向，以下是一些具体的方法（图 3-8）。

1. 利用就业信息了解就业市场

毕业生可以通过分析就业信息，了解就业市场的需求和趋势，帮助自己更好地规划职业发展方向。

2. 利用就业信息制定个人职业规划

毕业生可以利用就业信息，制定个人职业规划，明确自己的职业目标和发展方向。

3. 利用就业信息获取招聘信息

毕业生可以通过分析就业信息，获取招聘信息，从而掌握第一手的招聘信息，为自己的求职提供更多的机会。

4. 利用就业信息进行网络投递

毕业生可以通过利用就业信息进行网络投递，提高求职成功率。

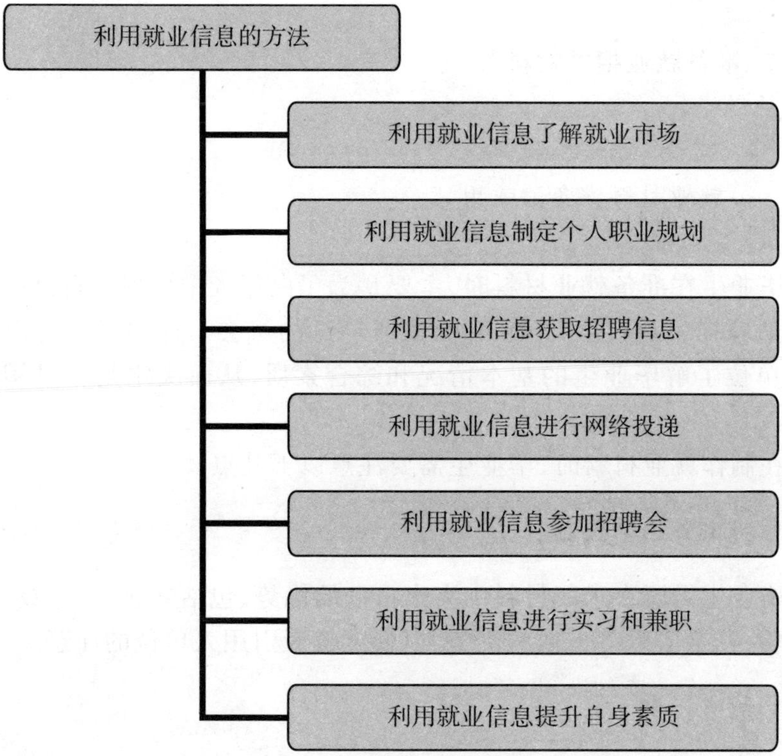

图 3-8　利用就业信息的方法

5. 利用就业信息参加招聘会

毕业生可以通过参加招聘会，与其他毕业生和招聘单位进行面对面的交流，拓宽自己的人脉和寻找工作的机会。

6. 利用就业信息进行实习和兼职

毕业生可以通过实习和兼职积累工作经验和技能，提高自己的竞争力，同时也可以获得一些额外的收入。

7. 利用就业信息提升自身素质

毕业生可以利用就业信息，不断提升自身素质，比如参加培训课程、学习新技能等，以提高自己在就业市场上的竞争力。

二、准备就业相关材料

（一）就业材料准备的作用

毕业生在准备就业材料时，主要是为了向用人单位展示自己的情况和就业意向，以便能够争取到面试或笔试的机会。这些材料可以帮助用人单位了解毕业生的基本情况和综合素质，从而决定是否录用该毕业生。

在制作就业材料时，毕业生需要注意以下几点。

1. 突出自己的优势

毕业生需要在求职材料中突出自己的优势，包括专业知识、技能、实践经验、社会实践等方面的优势，以便能够吸引用人单位的注意。

2. 简明扼要

毕业生的求职材料应该简明扼要，重点突出，让用人单位能够在短时间内了解到自己的情况和就业意向。

3. 真实准确

毕业生在制作就业材料时，需要保证材料的真实性和准确性，避免使用虚假信息或者夸大自己的能力。

4. 精心制作

毕业生需要精心制作自己的求职材料，包括排版、字体、图片等方面的细节，以便给用人单位留下良好的第一印象。

5. 重视面试技巧

毕业生在准备就业材料时，还需要重视面试技巧，比如熟悉面试流程、准备面试题目、回答面试问题等，以便能够在面试中表现出自己的优势和特点。

（二）就业材料的构成

就业材料通常包括封面、毕业生推荐表、求职信、个人简历、在校期间学习成绩单及其他辅助材料如获奖证书等(图 3-9)。

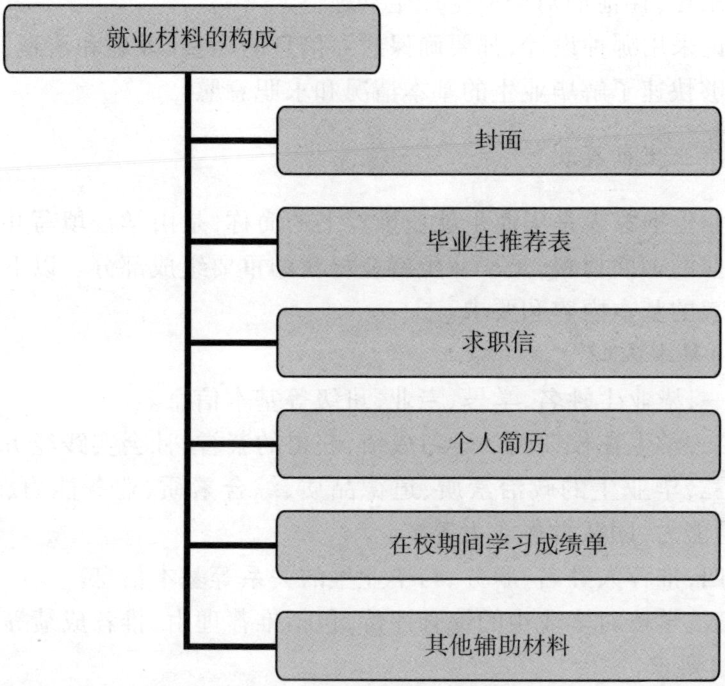

图 3-9　就业材料的构成

1. 封面

封面内容一般要包括大学生的基本情况，如学校名称、专业名称、学历、姓名、性别、联系方式、地址。如果毕业生能够自己设计就业材料的封面，那么封面上可以体现出自己的特色和个性，能够给招聘公司留下深刻的印象。以下是一些可以考虑的特色设计。

（1）突出个人优势

毕业生可以在封面上突出自己的优势，如获得的奖项、组织的比赛等，让招聘公司在众多简历中一眼看到自己的优势。

（2）设计独特风格

毕业生可以根据自己的喜好和风格设计封面，让招聘公司在众多简历中一眼看到自己的独特之处，提高求职成功率。

（3）使用吸睛的颜色和图案

毕业生可以使用鲜艳、醒目的颜色和有趣、创意的图案来吸引招聘公司的眼球，让他们对毕业生产生兴趣。

无论采用哪种设计，都要确保封面信息的完整、准确和清晰，让招聘公司能够快速了解毕业生的基本情况和求职意愿。

2. 毕业生推荐表

毕业生推荐表是毕业生就业推荐书的简称，是由学校填写并推荐毕业生就业的书面材料，是毕业生就业材料的重要组成部分。以下是毕业生推荐表的基本内容和要求。

（1）基本内容

第一，毕业生姓名、学号、专业、班级等基本信息。

第二，学生在校期间的学习成绩、获得的荣誉、社会实践经历等。

第三，毕业生的政治素质、道德品质、综合素质、业务能力、学习能力、沟通能力、团队合作能力等。

第四，推荐人姓名、职务、与毕业生的关系等基本信息。

第五，学校对毕业生的综合评价，包括推荐理由、推荐成绩等。

（2）要求

第一，毕业生推荐表要如实填写，不得涂改、伪造、出卖、泄露学校和他人的个人信息。

第二，推荐表内容要准确、真实、完整，不得随意涂改。

第三，毕业生填写推荐表时需使用黑色或蓝黑色钢笔或签字笔，字迹要工整、清晰。

第四，推荐表需加盖学校毕业生就业工作部门的公章，以示认可。

3. 求职信

求职信是毕业生向用人单位求职的书面材料，是求职者介绍自己、阐明求职意愿和愿望、突出自己的特点、能力和素质的重要文书。下面是毕业生求职信的基本内容和要求。

（1）求职信的基本内容

求职信的主要内容包括自我介绍、求职意向、个人简历、自我评价、对公司的认识、应聘原因、离职原因、对公司的期望、联系方式等。

（2）求职信的要求

第一，求职信要简明扼要，突出重点，不要过于冗长。

第二，求职信要实事求是。

第三，求职信要表达清晰。

第四，求职信要突出自己的特点和能力，强调自己与其他求职者的不同之处。

第五，求职信要注意礼貌，语气诚恳，避免使用攻击性语言。

第六，求职信可以附上个人简历、自我评价、外语等级证书、计算机等级证书、获得的奖励和荣誉证书等证明材料，以增强求职信的说服力。

（3）求职信的注意事项

第一，求职信需要认真检查，确保语法、拼写、格式等方面没有错误。

第二，求职信要直接向用人单位投递，不要通过招聘网站或中介机构。

第三，求职信要突出自己的特点和能力，不要与其他求职者雷同。

第四，求职信可以请老师、辅导员、同学等人帮忙转递，但是需要附上他们的联系方式。

4. 个人简历

个人简历是求职者给招聘单位发的一份简要介绍，以便招聘单位了解求职者的基本情况，也方便求职者展示自己的才能和吸引招聘单位的注意。

个人简历应该简明扼要，突出重点，让人一目了然。一般情况下，简历不宜过长，最好不超过两页纸。

在写个人简历时，应注意以下几点。

第一，简历应该真实、准确地反映自己的情况，不要夸大自己的能力和成就。

第二，简历内容应该简洁明了，不要采用过多的形式，如附件、摘要、编辑等。

第三，简历的格式应该整齐、清晰，字体、字号、排版等应该符合招聘单位的要求。

第四，简历中应该突出自己的专业技能、实践经验、社会活动等方面的成就和经历，以便给招聘单位留下深刻的印象。

第五，简历最好不要涂改，如果需要修改，应该使用黑色或蓝色的笔进行修改，并在修改处加盖印章或注明修改日期。

5. 在校期间学习成绩单

在校期间学习成绩单是毕业生求职过程中的重要材料之一，能够展示毕业生在校期间的学习情况和成就。一般来说，在校期间学习成绩单应该包括以下几个方面的内容。

（1）学科成绩

列出毕业生在校期间所学习的所有学科的成绩，包括必修课程和选修课程，以及各科目的成绩。成绩应该尽量详细、准确，能够反映出毕业生的学习能力和水平。

（2）排名情况

列出毕业生在班级或年级中的排名情况，排名应该按照升序或降序排列，以反映出毕业生的学习能力和学习态度。

（3）课外活动

列出毕业生在校期间参加的各种课外活动的情况，例如社团活动、竞赛、志愿服务等，这些活动可以展示出毕业生的综合素质和能力。

（4）其他成绩

如体育成绩、语言成绩等，如果有相关的成绩也可以一并列出。

需要注意的是，不同招聘单位对于在校期间学习成绩单的要求可能会有所不同，因此毕业生在准备材料时应该根据招聘单位的要求进行准备，尽可能地符合招聘单位的要求。此外，毕业生还应该根据自己的实际情况和求职意向，适当地调整材料的内容，以更好地展示自己的能力和优势。

（三）就业材料装订的注意事项

第一，在装订材料时，应该注意保持材料的整洁、干净，避免出现散页、掉页等现象。

第二，如果使用透明文件夹，应该选择结实、耐用的文件夹，并避免使用过于松动的文件夹。

第三，将所有材料按照顺序排列，并在封面上注明应聘者的姓名、联系方式、求职岗位等基本信息。

第四节　就业心理的准备

一、大学生就业常见的不良心理现象

大学生就业常见的不良心理现象有很多，常见的主要有以下几种（图 3–10）。

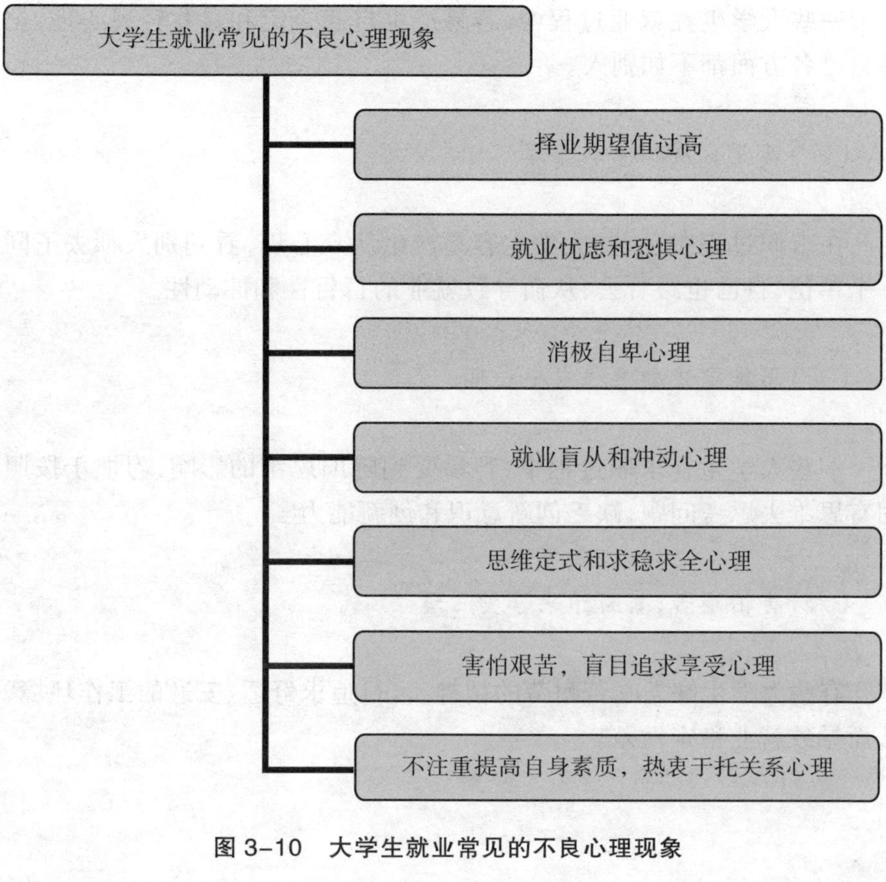

图 3–10　大学生就业常见的不良心理现象

（一）择业期望值过高

很多大学生在就业过程中，往往会把自己的就业目标定位在事业单位、公务员、大型企业等，盲目追求热门行业、高薪、“铁饭碗”，从而忽视了自身的职业倾向和实际就业能力。

（二）就业忧虑和恐惧心理

在求职过程中，很多大学生都存在着一定的焦虑和恐惧心理，害怕找不到理想的工作，或者担心面试失败而导致声誉受损、经济受损等。

（三）消极自卑心理

一些大学生在就业过程中，容易产生自我否定和自我轻视心理，觉得自己各方面都不如别人。

（四）就业盲从和冲动心理

在求职过程中，一些大学生容易产生从众心理，看到别人都去了同一个单位，自己也跟着去，从而导致就业的盲目性和冲动性。

（五）思维定式和求稳求全心理

一些大学生在求职过程中，容易受到陈旧思维的影响，习惯于按照固有思维去思考问题，缺乏创新意识和创新能力。

（六）害怕艰苦，盲目追求享受心理

有些大学生缺乏吃苦耐劳的精神，盲目追求舒适、安逸的工作环境，从而导致就业稳定性差。

（七）不注重提高自身素质，热衷于托关系心理

在求职过程中，一些大学生过于看重人际关系，热衷于走后门、找关系，从而影响了自身的就业竞争力。

二、大学生就业心理准备的途径

（一）正确认识自我

大学生要通过正确认识自我，做好就业心理准备，可以从以下几个方面入手。

1. 正确进行自我定位

大学生要根据自己的专业、爱好、特长、性格等来正确评价自己，然后根据自己的评价结果来为自己定位。只有对自己有了正确的评价，才能找到适合自己的职业。

2. 提高自身素质

大学生要注重提高自身素质，不断学习，不断丰富自己的知识和技能，以提高自身的竞争力。

3. 了解就业政策

大学生要及时了解国家和地方有关大学生就业的政策和措施，如大学生创业政策、就业创业税收优惠政策、大学生就业见习政策等，以便更好地适应就业市场的变化，为自己的就业创造更多的机会。

4. 进行职业规划

大学生要进行职业规划，明确自己的职业发展方向，确定自己的职业目标，并制定相应的职业规划计划，以便更好地实现自己的职业发展目标。

（二）树立正确的就业观念

1. 转变观念，正确定位，学会选择

当前大学生就业观念存在误区，很多学生毕业即意味着失业，因此，要加大大学生的职业观教育力度，帮助他们转变就业观念，正确定位，尽快实现由计划就业向市场就业的转变。

2. 抛开“面子”，勇于竞争

当今社会，就业竞争非常激烈，很多用人单位在招聘时都强调有工作经验，有些学生为了所谓的“面子”，不愿到基层、到西部去工作，结果在择业时选择面狭窄。因此，学生要树立起勇于竞争的意识，抛开“面子”的束缚，到基层、到西部去发挥自己的才干。

3. 珍惜机遇，跨出校门，自主创业

当前大学生创业环境有了很大的改善，国家出台了一系列鼓励大学生创业的政策，提供了多方面的支持，如小额贷款、税费减免、创业基地等，这为大学生自主创业提供了很好的条件。因此，学生要珍惜机遇，勇于跨出校门，自主创业。但是，学生在自主创业时，要做好充分的准备，了解创业环境、市场行情、政策法规等，避免盲目创业。

（三）培养竞争意识

大学生可以通过培养竞争意识来做好就业心理准备，具体措施如下。

1. 认识到就业市场的竞争现状

大学生可以通过了解就业市场的供需情况、行业发展趋势、就业政策等，来认识到就业市场的竞争现状，从而更好地做好心理准备。

2. 培养自己的竞争力

大学生可以通过多参加实践活动、提高自己的专业技能、积累经验、建立良好的人际关系等方式，来培养自己的竞争力，从而更好地适应就业市场的竞争。

3. 学会如何展示自己

大学生可以通过学习如何展示自己的优势、如何表达自己的观点、如何与他人沟通等技巧，来学会如何展示自己，从而更好地展示自己的优势，提高自己在就业市场中的竞争力。

第四章

掌握技巧：大学生就业技巧研究

大学生要想顺利就业，除了具备扎实的基础知识外，还需要掌握一些求职的基本方法与技巧。比如，要了解求职的礼仪、掌握笔试及面试的技巧等。本章即对大学生就业技巧的相关知识进行研究。

第一节　大学生求职礼仪

一、礼仪概说

礼仪是一个人道德修养的外在表现，也是一个国家社会文明的标志。在社会交往中，礼仪体现着一个社会的文明程度，促进社会关系的和谐。

学习礼仪，有助于提高个人的文化修养和道德素质，有助于培养一个人的良好气质和文明行为，有助于促进社会的文明与进步。

总之，学习礼仪不仅可以帮助我们更好地与他人沟通交流，而且还能为自己的成长和事业的发展打下坚实的基础。

二、着装礼仪

（一）男生求职时的着装礼仪

男生面试的着装礼仪如下。

1. 面试着装要合体

面试时着装要合体，不要穿太大或太小的衣服，以免给面试官留下不好的印象。

2. 尽量不穿新的西装去面试

新衣服会带来新气象的心理暗示，但面试时新衣服容易带来新的紧张和不安，最好先在家里试一下，以免效果不佳。

3. 颜色应以主流颜色为主

男士服装的颜色应该以黑色、灰色或者深蓝色为主，这些颜色在任何场合穿都不会失态。

4. 面试时不一定要西装革履

虽然西装是比较传统的面试服装，但其他非正式的面试服装也可以接受，比如T恤、牛仔裤等，只要能传达出自信和职业化的形象即可。

5. 鞋子要干净

穿球鞋、休闲鞋或皮鞋都可以，但要保证鞋子干净、整洁，不能有灰尘。

6. 注意手部和指甲的修饰

手部和指甲的修饰也是面试着装礼仪中的一个重要部分，作为男士，一定注意手部的卫生，不能留长指甲。

（二）女生求职时的着装礼仪

女生求职时的着装礼仪需要注意以下几点。

第一，女士应根据年龄，选择一套剪裁得体的服装，可以是套装或者是套裙，颜色应与年龄相符，会让整个人显得高雅而且有气质。

第二，女士在求职中对于服装颜色的选择是多种多样的。黑色能够表现出严谨稳重；红色能够表现出张扬火辣的个性；黄色能够表现出丰富的想象力。女性面试服装颜色选择中最好避开粉红色，粉红色容易给人虚荣、轻浮的印象。

第三，经典搭配——白色衬衣。作为一个步入职场的女士来说，各式各样的白色衬衣是衣橱中必不可少的。在面试中最好在长袖外套中搭配白色的长袖衬衣。

三、行为礼仪

（一）准时赴约

准时赴约是大学生在面试时应该遵守的基本礼仪之一。如果面试约定了时间，应该提前到达面试地点，不要迟到或早到。如果因为特殊情况不能准时赴约，应该提前与面试官联系并说明原因，以表示歉意和诚意。在面试过程中，应该遵守时间，不要随意离开或打断面试官的问题。如果有特殊情况需要离开，应该提前告知面试官，并询问是否可以推迟面试或者重新安排时间。在面试结束后，应该向面试官致谢并表示感谢，表示已经做好了面试准备并会准时参加下一轮面试。总之，准时赴约是一种尊重他人、诚实守信的品质，也是展现自己职业素养和专业能力的重要方式。

（二）尊重接待人员

学生在面试时应该尊重接待人员。在等候或面谈时，应该保持安静，注意坐姿和礼貌用语。尊重接待人员是大学生求职过程中的基本礼仪，可以表现出自己的礼貌和职业素养，同时也有助于建立良好的职业关系。

（三）讲究秩序

大学生在面试时应该讲究秩序。面试过程中，应该保持安静，不要随意打扰其他面试者。如果需要发言，应该先举手示意，得到面试官的允许后才可以发言。如果面试室有其他人需要访问或者使用设施，应该先征得面试官的同意。在整个面试过程中，应该遵守秩序，不要随意离开或打扰其他面试者。如果有任何问题或疑虑，应该及时向面试官提出并寻求帮助。总之，讲究秩序是大学生求职过程中的基本素质，可以表现出自己的职业素养和专业能力，同时也有助于维护面试的公正和严肃性。

（四）离座

在面试结束后，大学生离座时应该注意以下礼仪。

第一，起立的动作要稳重、安静。

第二，离开座位时，应该从椅子左边离开，并且步伐要轻盈稳重，不要发出声响。

第三，离开座位后，应该将椅子放回原位，并且将桌面上的东西整理好，以示尊重和敬意。

总之，离座时应该保持安静、稳重，不要发出声响，并且注意礼貌和尊重。

第二节　大学生笔试的技巧

一、笔试的概念

笔试是一种测试应聘者学识水平的重要工具，通过填写答案卷的方式考核应聘者的知识和技能。笔试可以在短时间内考核应聘者的知识水平和能力，是人才选拔的重要环节。

二、笔试的特点

笔试具有以下特点（图 4-1）。

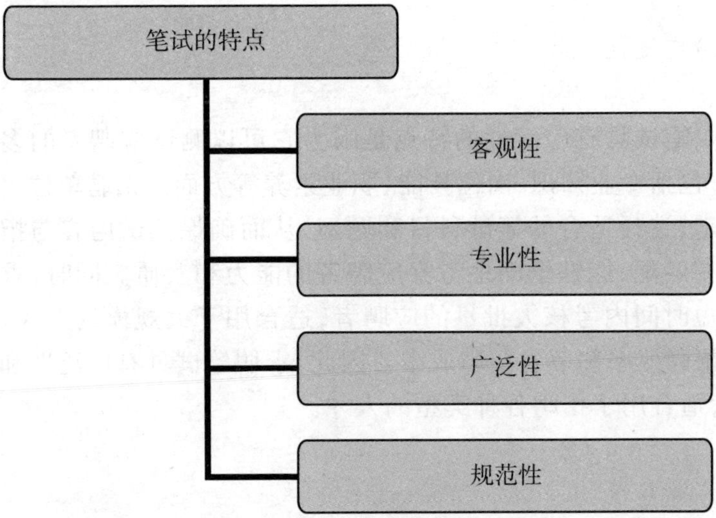

图 4-1　笔试的特点

（一）客观性

求职笔试的试题和评分标准客观、公正，能比较真实地反映应聘者的能力和素质，避免了主观因素的影响，提高了笔试的信度和效度。

（二）专业性

求职笔试具有专业性的特点是因为它涉及的是对某种专业知识和技能的考查，这通常需要应聘者具备相关的专业背景和知识。为了保证笔试的专业性，招聘单位通常会邀请相关领域的专业人士担任考官，或者在笔试中设置相关的专业测试题目。此外，为了保证笔试的公正性和客观性，招聘单位通常会采用客观、科学的评分方法，确保试题的质量和评分的公正性。因此，求职笔试不仅要求应聘者掌握相关的专业知识和技能，还需要应聘者具备一定的专业背景和知识，以保证笔试的专业性和有效性。

（三）广泛性

求职笔试具有广泛性的特点是因为它可以测试应聘者的多种能力和素质，包括专业知识、岗位技能、职业素养等方面。招聘单位可以根据岗位需求，选择适合的笔试科目和题型，从而确保笔试内容与招聘岗位的要求相匹配，能够全面地考察应聘者的能力和素质。同时，求职笔试可以在短时间内考核大批量的应聘者，适合用于大规模的人才选拔，能够提高招聘效率和节省招聘成本。因此，求职笔试具有广泛性和普遍性的特点，适合用于招聘各种类型的人才。

（四）规范性

求职笔试具有规范性的特点是因为它具有标准化的试题设置和评分标准，以及客观、科学的评分方法和程序。招聘单位通常会制定统一的考试大纲和题型，规定考试的时间、内容、题型、难度等方面的标准，确保笔试的规范性和科学性。同时，为了保证笔试的公正性和客观性，招聘单位通常会邀请专业人士担任考官，或者采用电脑考试等先进的考试方式，确保笔试的客观性和准确性。因此，求职笔试具有规范性的特点。

三、笔试的原则

笔试的原则主要包括以下几方面（图 4–2）。

（一）保持卷面整洁

招聘单位在招聘过程中，通常会优先考虑那些书写工整、卷面整洁、排版合理的应聘者。因此，如果你想在求职笔试中脱颖而出，建议你注意以下几点。

第一，保持字迹端正、清晰，不要潦草涂改。

第二，注意字体大小和排版，使整个卷面看起来整洁、美观。

第三，答题时要保持卷面整洁，不要在答题卡上乱涂乱画。

第四，注意答题速度，不要过于追求答题的完整性，而忽略了书写的速度。

第五，保持自信，不要过于紧张，避免因为紧张而导致书写错误或不规范。

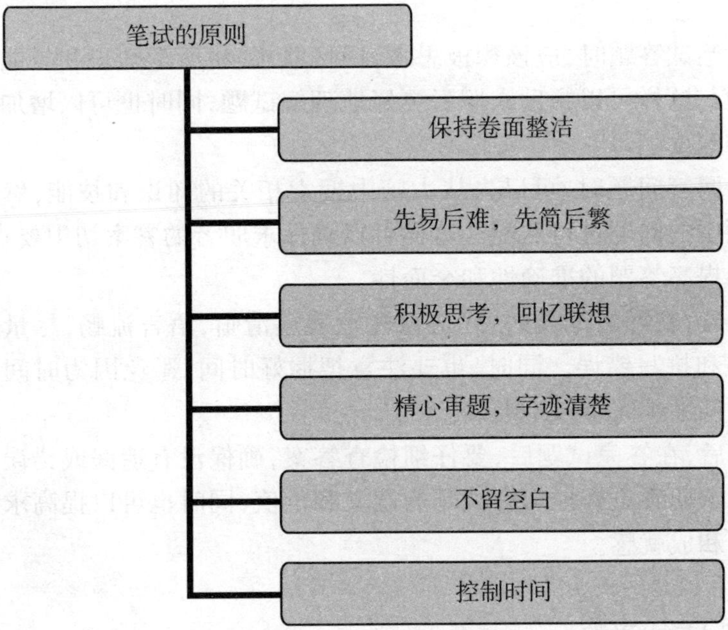

图 4-2　笔试的原则

（二）先易后难，先简后繁

在求职笔试时，应该先易后难，先简后繁。这样可以保证你在规定时间内答完试卷，并尽可能地保证答案的准确性和全面性。

首先，从易到难的顺序可以帮助你更好地掌握答题节奏，避免因为难度过大而导致时间不够用。其次，先答简单的题目可以让你更有信心和自信，从而更好地应对后续的难题。最后，如果时间不够用，可以先跳过难度较大的题目，专注于完成剩余的题目。

在答题过程中，还应该注意以下几点。

第一，看清注意事项和答题要求。

第二，在答题前，可以先大概浏览一下试题，有针对性地制定答题计划。

第三，在答题过程中，要注意简明扼要地回答问题，避免复杂冗长的答案。

（三）积极思考，回忆联想

在笔试答题时，应该积极思考，回忆联想，将所学知识和技能运用到试题中。这样可以帮助求职者更好地理解试题，同时也可以增加答题的广度和深度。

在回答问题时，可以先从大脑中搜索相关的知识和技能，然后将其与试题中的问题进行匹配。这样可以确保求职者的答案切中要点，同时也可以提高答题的准确性和全面性。

此外，在回答问题时，还应该注意表述清晰，语言流畅，尽量避免语法错误和拼写错误。同时，也要注意把握好时间，避免因为时间不够用而导致答案不完整或不准确。

最后，在答完试题后，要仔细检查答案，确保没有遗漏或错误。这可以帮助求职者更好地理解试题的意义和价值，同时也可以提高求职者的自信心和成就感。

（四）精心审题，字迹清楚

在笔试答题时，应该精心审题，字迹清楚。审题是答题的第一步，只有确保理解了试题的内容和要求，才能保证后续答题的准确性。

在审题时，应该先仔细阅读题目和问题，理解试题的具体要求和考查点。然后，在答题时，要按照试题要求，逐一回答每个问题。回答问题时，应该使用正确的语法和表达方式，避免出现语法错误和拼写错误。

在书写答案时，应该保持字迹清楚，不要过于潦草。字迹清晰可以让招聘单位更好地阅读和理解求职者的答案，同时也可以提高求职者的答题效率和卷面整洁度。

(五)不留空白

在笔试答题时,应该尽量避免留空白,写出完整、准确、有说服力的答案。

在答题过程中,可以适当使用关键词和短语来帮助自己理解试题。如果有必要,可以在答案中适当引用相关的知识和技能,以增强答案的说服力。

此外,在答题时,还应该注意题目的分值分配,合理分配时间,确保每个问题都能够充分思考和回答。如果遇到难题或无法确定答案的问题,可以先标记下来,在后续的答题中进行尝试。

最后,在答完试题后,要仔细检查答案,确保没有遗漏或错误。

(六)控制时间

在笔试答题时,应该控制时间,避免因为时间不够用而导致答案不完整或不准确。每道题目的答题时间应该控制在规定的时间内,开始答题后要迅速回答问题,不要在一道题目上浪费太多时间。

在回答问题时,应该先确定自己的答题思路和框架,然后逐条回答问题,避免遗漏重要的信息。

此外,在答题前,可以先从头到尾快速浏览一遍试题,大致了解题目的分布和难度,这样可以帮助求职者更好地掌握答题节奏,避免因为难度过大而导致时间不够用。

四、笔试时回答不同题型的技巧

(一)选择题的答题技巧

在笔试选择题中,采用选项细心对比法、选项矛盾法和第一印象法可以提高正确率。

1. 选项细心对比法

采用选项细心对比法进行答题，通过找到与课本知识点的不同之处进行答题。对比法的意思就是在审题之后，把选择题的选项与已经学过的课本知识做对比。如果选项中有与课本知识点相同的信息，则可以排除该选项；如果选项中有与课本知识点不同的信息，则可以排除其他选项。

2. 选项矛盾法

采用选项矛盾法进行正确解答。对于一道单项选择题而言，每一个选项里面都会有和题干类似的信息。如果通过审题还是不明白正确答案是什么的时候，那么就可以采取逆向思维看选项来找出正确答案。方法就是：对某一道题的四个选项进行彼此矛盾筛选。因为四个选项里面很有可能四个之间的说法都是互相矛盾的，如果有这样的选项那么就可以知道其中一个选项是正确的概率很大。如果错得很离谱，那么直接排除就可以。题目选项里面找矛盾的方法可以不用审题就可以立马知道题目的正确选项，但是也需要知道是在遇到四个选项都感觉对的情况下使用。

3. 第一印象法

通过对题目的第一印象选择正确答案。在审题过程中，如果对题目的第一印象感觉不好，例如感觉题目过于复杂或者感觉题目的信息量过大，那么可以采用跳过这道题的方法，先跳过去做下一道题目，等做完下一道题目后再回来做这道题目，有可能因为之前跳过的那道题目使求职者对这道题目的印象有所改观，从而提高答题正确率。

（二）填空题的答题技巧

填空题如果不注意细节，也很容易失分。因此，在答题时，要认真审题，避免粗心大意，注意语言表达的准确性和规范性，掌握解题方法，提高解题效率。在解答填空题时，要注意以下几点。

1. 通读全题，掌握全局

认真通读全题，理解问题的设问，明确题目的要求。

2. 细心作答，避免粗心

填空题是相对比较简单的一种题型，但如果不注意细节，也很容易失分。因此，在作答时，要避免粗心大意，认真审题，避免因为疏忽而犯错。

3. 检查校对，防止失误

在答完所有题目后，要进行检查和校对，确保答案的准确性和完整性。检查时，可以从语法、逻辑、拼写等方面入手，避免因为细节问题导致失分。

4. 注意语言表达，避免语病

在答题时，要注意语言表达的准确性和规范性，避免使用不规范的语言或者语病较多的词语。

5. 掌握解题方法，提高解题效率

在学习填空题的过程中，要掌握一些解题方法，例如排除法、代入法等，这些方法可以帮助提高解题效率，避免在一个题目上花费太多的时间。

（三）判断题的答题技巧

判断题的答题技巧主要包括以下几方面。

第一，结论必须明确，不可含糊不清。

第二，分辨表现形式，确定解答思路。

第三，辨析设错方式。

（四）论述题的答题技巧

第一，要答出相应的要点，但是不必展开来说。因为所要答的主要理论知识点已经在材料中体现了。

第二，要结合实际进行阐述，不要纯粹进行理论的阐述和堆砌。

第三，要突出重点，不要面面俱到。要把与答题有关的主要理论知识点进行概括，突出答题的重点。

第四，要回答问题，不要自问自答。要在回答问题的过程中阐述自己的观点，突出答题的针对性。

第五，要全面答题，不要遗漏要点。在回答问题时，要把所有相关的理论知识点都进行回答，不要遗漏任何一个要点。

第六，要结合材料进行论述，不要照抄材料。在回答问题时，要结合给定的材料进行论述，不要脱离材料进行论述。

总之，论述题的答题技巧主要是要答出相应的要点，结合实际进行阐述，注意语言的准确性和规范性，突出重点，全面回答问题。在回答问题时，要把所有相关的理论知识点都进行回答，不要遗漏任何一个要点。

（五）材料解析题的答题技巧

材料解析题需要考生具备较为全面的理论知识和综合的分析能力。以下是一些答题技巧。

1. 审题干，锁定知识点

在拿到试卷后，要先通读材料，理解材料的主旨和大意。然后，审题干，找到材料中的关键词和关键句子，确定所需要回答的知识点。

2. 罗列相关理论知识

在确定了所需要回答的知识点后，就需要对相关的理论知识进行罗列。可以在答题纸上逐一写出相关的理论知识点，以便在回答问题时能够准确地运用相关知识。

3. 材料与理论知识匹配

在将相关理论知识罗列出来后，就需要将材料与这些知识点进行匹配。需要在答题纸上将材料与理论知识点一一对应，以确保回答的准确性和完整性。

4. 结合材料，组织答案

在将理论知识与材料进行匹配后，就需要结合材料，组织答案。需要在答案中充分运用所学的理论知识，对材料中的问题进行分析和解答。

（六）作文题的答题技巧

作文题是考试中的一个重要环节，对于综合素质考试的考生来说，作文题的分值一般都比较高。以下是一些作文题的答题技巧。

1. 紧扣主题

考生们在审题的时候要注意把握主题，切忌跑题。

2. 内容饱满

作文的主题不偏，其实就已经成功一半。接下来就要看内容，一篇文章如果没有充实的内容，只有枯燥无味的说教，那么就算三观再正也很难引起人们的兴趣。对于议论文来说，素材的积累是不可缺少的，考生们需要积累与教育有关的名人、名事、名句。

3. 语言流畅

语言流畅是写好作文的关键。考生在写作时要注意用词准确，语言通顺，避免出现语病和口语化的表达。

4. 结构清晰

作文的结构要清晰，这样能让读者更容易理解文章的主旨和结构。考生可以采用总分式或者总分总式的结构，也可以采用并列式的结构。

5. 素材新颖

对于写作题目，考生需要选择一些新颖的素材，这样能让文章更有吸引力。同时，也要注意素材的真实性和权威性。

6. 字数适中

在写作时，考生需要控制好文章的字数，不要写得太多或太少。一般来说，800 字左右的作文是比较合适的。

7. 卷面整洁

卷面整洁也是很重要的，这能让阅卷老师更好地阅读文章，给考生打出更高的分数。考生可以使用一些好的字体和排版方式，让文章更加美观。

第三节　大学生面试的技巧

一、面试的概念

面试是一种经过组织者精心策划的招聘活动，是公司挑选职工的一种重要方法。

二、面试的特点

面试的特点主要包括以下几个方面（图 4–3）。

（一）高度的结构性

面试的内容、形式、过程等方面都是事先规定好的，有严格的结构和程序。面试者在面试过程中一般只能按照预定的结构和程序进行提问和观察，不能随意发挥或者自由表现。

（二）明显的个性特征

面试中的提问和观察往往是在特定的情境下进行的，带有明显的个性特征。面试者在面试过程中一般只能观察应聘者在特定情境下的表现，不能过多地涉及个人的一般信息，否则会影响面试的公正性和客观性。

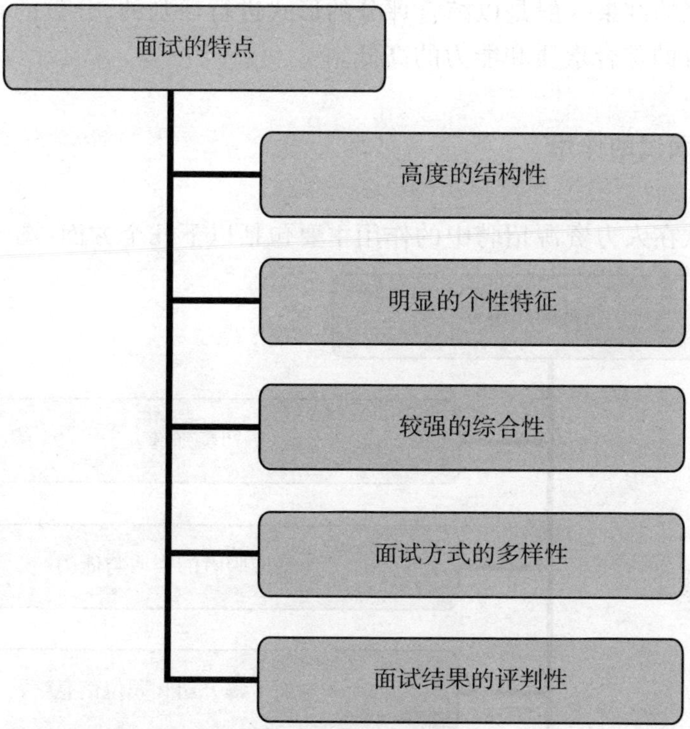

图 4-3　面试的特点

（三）较强的综合性

面试的内容涉及知识、能力、经验、素质等多个方面，具有较强的综合性。面试者在面试的过程中不仅要对应聘者的基本知识有所考查，还要从思维能力、个性品质、行为表现等方面对其进行综合考查。

（四）面试方式的多样性

面试方式一般包括结构化面试、半结构化面试、非结构化面试等多种形式。不同的面试方式有不同的特点和适用范围。

（五）面试结果的评判性

面试的结果一般是以综合评分的形式进行评判的，分数的高低反映了应聘者的综合素质和能力的高低。

三、面试的作用

面试在人力资源招聘中的作用主要包括以下几个方面（图 4–4）。

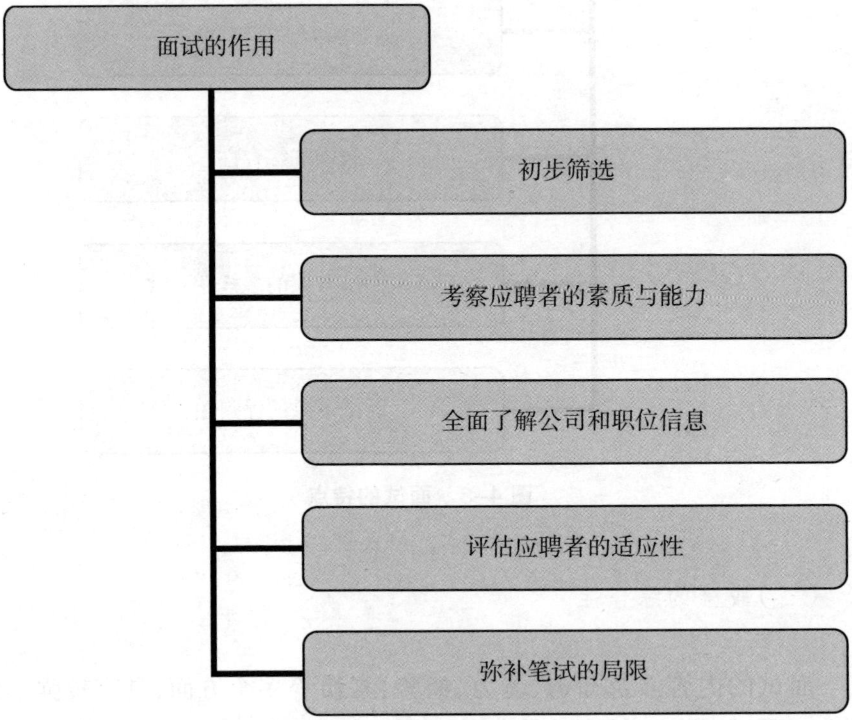

图 4–4　面试的作用

（一）初步筛选

面试是企业初步筛选候选人的重要途径，通过面试可以初步判断应聘者是否符合岗位需求和企业文化，为后续的笔试和其他测试环节奠定基础。

（二）考察应聘者的素质与能力

面试是一种经过精心设计的招聘活动，通过面试可以全面了解应聘者的知识、能力、经验和综合素质等方面的情况，从而判断其是否符合招聘岗位的要求。

（三）全面了解公司和职位信息

面试可以让应聘者更好地了解公司和职位的基本情况，包括公司的文化、发展历程、业务范围、职位要求等，从而帮助应聘者更好地适应工作环境和职位要求。

（四）评估应聘者的适应性

面试是一个双向交流的过程，通过沟通，面试官可以了解应聘者的工作设想、见解和职业发展规划等方面的信息，从而判断其是否适合公司和职位的需求。

（五）弥补笔试的局限

面试可以考察到笔试无法全面考察的素质和能力，例如仪表风度、口才、反应的敏捷性等，有效弥补笔试的局限。

四、面试前的准备

在进行面试前，需要进行充分的准备工作，以下是一些必要的准备工作（图 4-5）。

（一）准备好个人资料

面试前需要准备好个人简历、学历证书、职业资格证书等相关材料，并确保这些材料的真实性和完整性。同时，还需要准备好身份证、工作证明、推荐信等个人资料，以便在面试时使用。

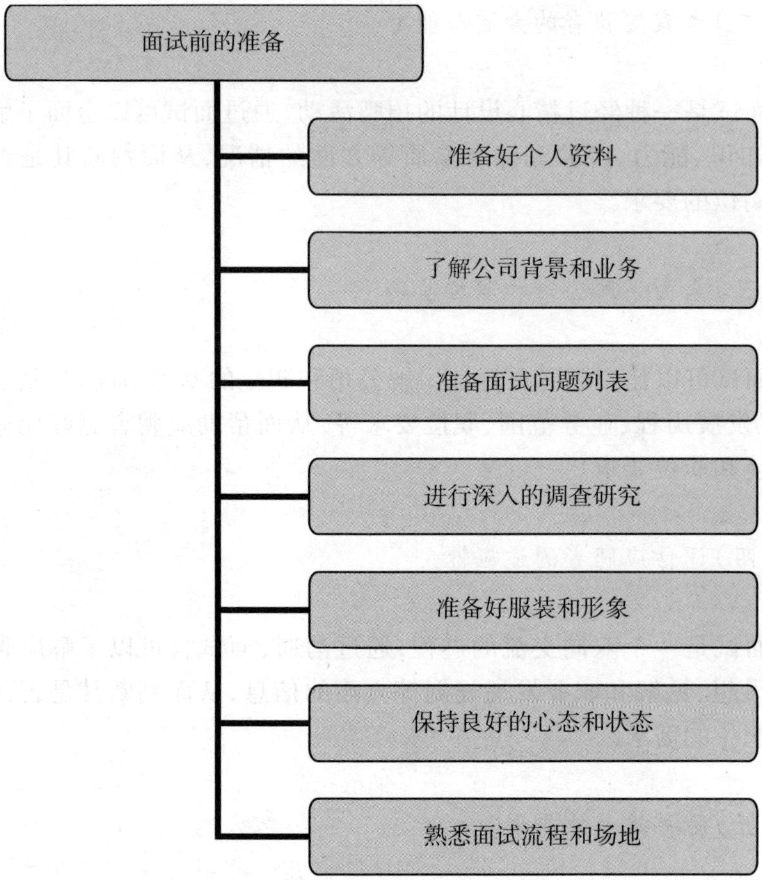

图 4-5 面试前的准备

（二）了解公司背景和业务

在面试前，需要对公司的背景和业务进行一定的了解。有助于求职者更好地理解公司的文化、产品和业务，从而更好地回答面试问题。

（三）准备面试问题列表

在准备面试前，需要先制作一份详细的面试问题列表。有助于求职者更好地了解公司的需求和岗位要求，从而更好地准备面试问题。

（四）进行深入的调查研究

在面试前，需要进行一定的调查研究，以了解公司和岗位的情况。有助于求职者更好地了解公司和岗位的特点和要求，从而更好地回答面试问题。

（五）准备好服装和形象

在面试前，需要根据公司的要求和岗位的特点，选择合适的服装和形象。有助于求职者更好地展现自己的形象和气质，从而给面试官留下深刻的印象。

（六）保持良好的心态和状态

在面试前，需要保持良好的心态和状态，避免紧张和压力。有助于求职者更好地发挥出自己的水平，从而更好地回答面试问题。

（七）熟悉面试流程和场地

在面试前，需要熟悉面试的流程和场地。有助于求职者更好地了解面试的流程和环境，从而更好地回答面试问题。

五、面试时的注意事项

在面试过程中，需要注意以下事项，以提高面试的效果和成功率（图4–6）。

（一）态度自信、积极向上

面试时要保持自信、积极向上的态度，面带微笑，自然大方地回答问题。

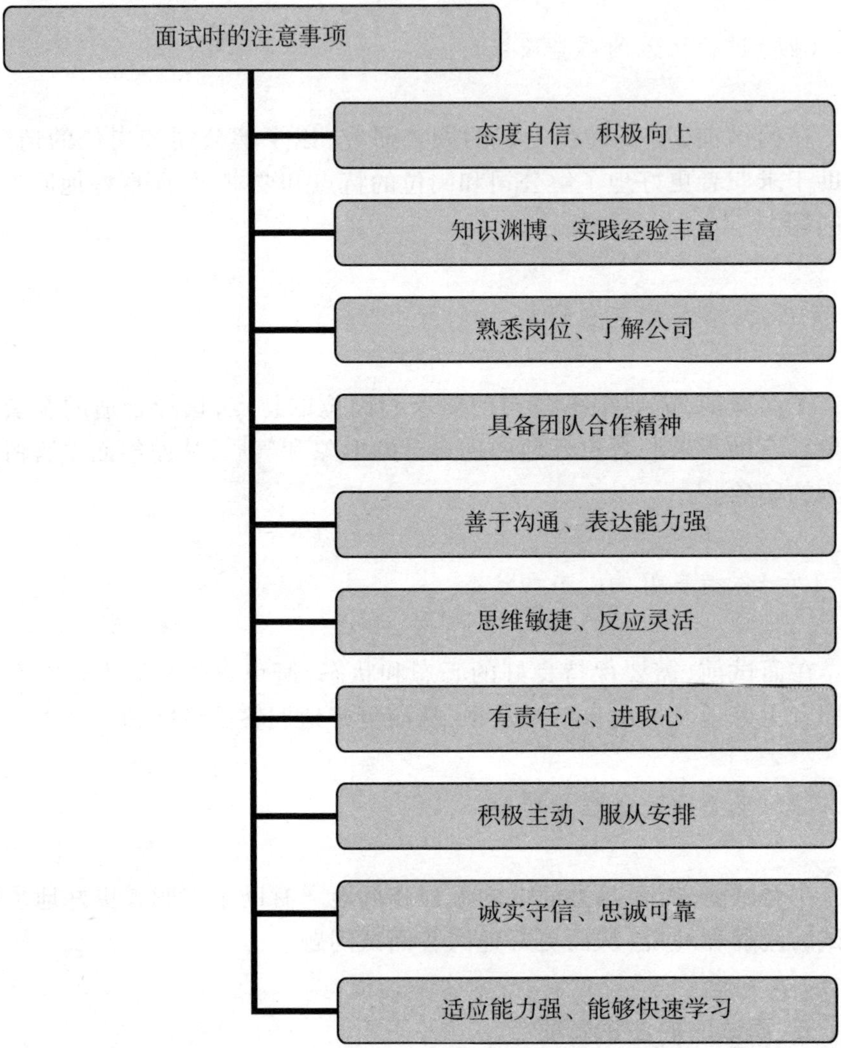

图 4-6　面试时的注意事项

（二）知识渊博、实践经验丰富

在面试时，要展现出自己的知识渊博和实践经验丰富，能够胜任相关岗位的工作。

（三）熟悉岗位、了解公司

在面试前，要对自己应聘的岗位和公司有一定的了解，以便在面试时能够提出相关的问题，并且能够根据公司的需求，提出合理的建议和解决方案。

（四）具备团队合作精神

面试时要展现出自己的团队合作精神，能够与他人协作，完成工作任务。

（五）善于沟通、表达能力强

在面试时，要善于沟通、表达能力强，能够清晰地表达自己的观点和想法，并且能够根据情况变化，调整自己的回答方式。

（六）思维敏捷、反应灵活

在面试时，要展现出自己的思维敏捷、反应灵活，能够快速地适应各种情况，并且能够提出创新性的解决方案。

（七）有责任心、进取心

在面试时，要展现出自己的责任心和进取心，能够承担相关岗位的工作，并且能够为公司的发展做出积极的贡献。

（八）积极主动、服从安排

在面试时，要积极主动、服从安排，能够配合公司的工作安排和调配，并且能够在工作中发挥主动性和创造性。

（九）诚实守信、忠诚可靠

在面试时，要展现出自己的诚实守信和忠诚可靠的品质，能够遵守公司的规章制度，并且能够保守公司的商业机密。

（十）适应能力强、能够快速学习

在面试时，要展现出自己的适应能力强、能够快速学习的特点，能够快速适应公司的文化和工作环境，并且能够在短时间内融入团队，发挥出自己的潜力。

第五章

自主创业：创业概述

大学生创业是指大学生在校期间创办企业或从事个体经营的行为。大学生创业是一个具有挑战性和机遇的过程，需要充分准备和努力实践。只有不断提升自己的能力和素质，积极探索创业机会，才能在激烈的市场竞争中取得成功。

第一节　创业的内涵

一、创业的概念

创业是指创业者运用一定的方法、资源和技能，将创意、创新、创造力等转化为具有经济价值和社会效益的产品、服务或者事业的过程。创业过程中需要具备创新精神、创业意识、创造性思维和创造能力等方面的素质和能力。

二、创业的特点

创业具有显著的特点，主要包括以下几方面（图 5–1）。

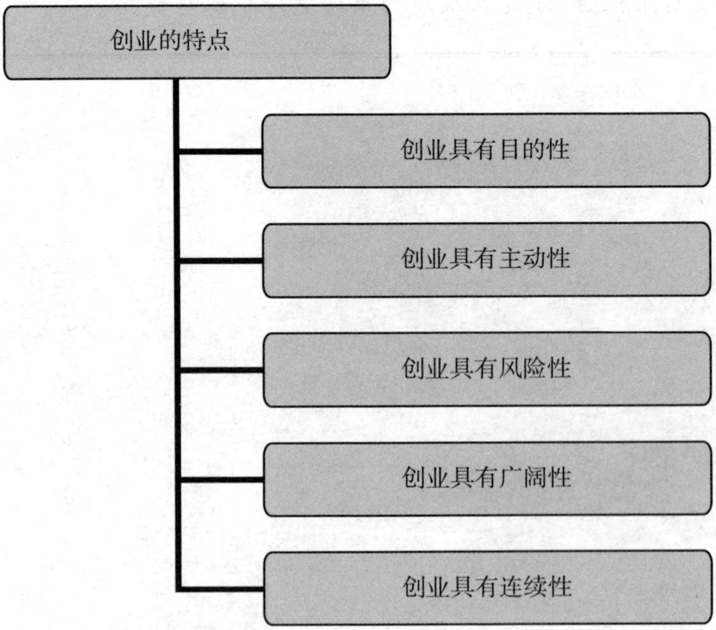

图 5–1　创业的特点

（一）创业具有目的性

创业具有目的性。个人创业的目的各不相同，有的是为了生存，有的是为了财富，有的是为了实现个人的价值，而有的人创业是为了追求自己的梦想。企业创业的目的一般都是为了获取利润，使企业能够持续发展下去。

（二）创业具有主动性

与一般就业不同，创业者一般都是主动地选择适合自己的行业和项目进行创业，具有很强的主动性和自主性。

（三）创业具有风险性

创业过程中存在各种风险，如市场风险、竞争风险、技术风险等，因此创业具有一定的风险性。创业者在创业过程中需要具备一定的风险意识和风险管理能力，以降低创业风险。

（四）创业具有广阔性

创业的主体、类型、行业等没有限制，可以是个人、家庭、企业等各种主体，也可以是不同的行业和领域。创业的项目、行业、主体以及目标都有着不确定性，每一个人的创业理想不同，因此创业的广阔性也是很大的。

（五）创业具有连续性

创业者在创业过程中可能会遭遇失败，但创业精神和创业意识是创业者最可贵的品质，因此创业者要不断地尝试、不断地学习，从而实现自我超越和自我提升。创业活动本身就是一个持续的过程，需要不断地试验、学习、调整和优化，从而实现持续的发展。因此，创业者需要具备强烈的创业精神和创业意识，保持对创业的热情和动力，不断地探索和尝试，从而实现创业的连续发展。

三、创业的意义

创业的意义包括以下几方面（图 5-2）。

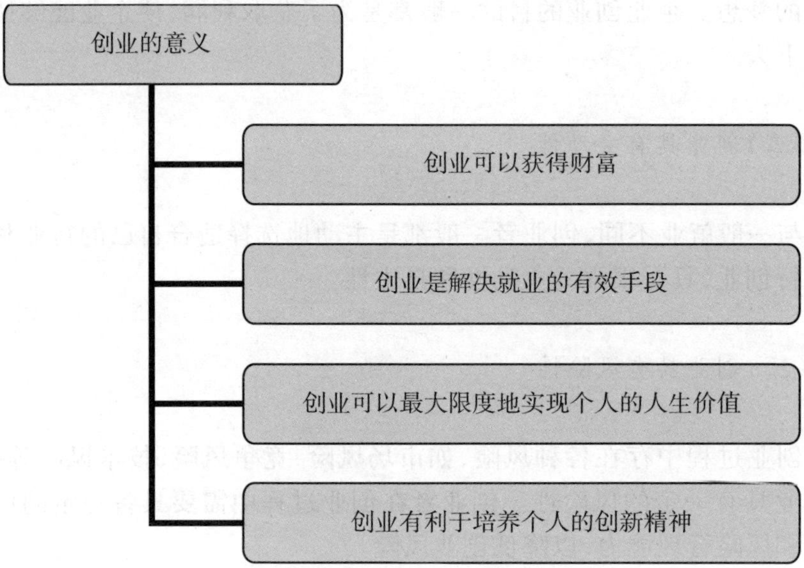

图 5-2　创业的意义

（一）创业可以获得财富

创业确实可以获得财富，但是创业的过程并不一定是直接获得财富的过程。创业的过程可能会伴随着各种挑战和风险，创业者需要具备一定的创业精神和创业意识，同时需要具备良好的风险管理能力和市场洞察力，才能在创业过程中获得成功。因此，创业并不是一条直接通往财富的道路，而是需要经过不断的努力和付出，才能获得成功和财富。

（二）创业是解决就业的有效手段

创业活动有利于解决就业问题，促进劳动力灵活就业，增加居民收入，提高对生活的满意度，同时还能缩小城乡差距，促进经济发展。

（三）创业可以最大限度地实现个人的人生价值

创业可以最大限度地实现个人的人生价值，这是因为创业过程中需要付出很多努力和汗水，同时也需要不断地学习和尝试，克服各种困难和挑战，才能实现个人的创业梦想。在创业过程中，创业者可以发挥自己的创造力、创新精神和实践能力，为社会创造更多的价值，从而实现个人的人生价值。同时，创业也可以让创业者更好地实现自我价值，获得更多的成就感和满足感，从而提高个人的幸福感和生活品质。总之，创业是一种可以让人充分发挥自己潜力和实现个人价值的活动，是实现个人人生价值的重要途径之一。

（四）创业有利于培养个人的创新精神

创新是一个民族的灵魂，是一个国家兴旺发达的不竭动力。而创新精神则是创新活动的重要动力，它可以激发个人的创造力，推动他们不断地探索新的领域、开发新的技术、创造新的商业模式等。在创业过程中，创业者需要面对各种挑战和机遇，需要不断地创新思维、尝试新的方法和策略，从而不断地推动自己和企业的发展。因此，创业有助于个人养成创新精神，不断地提高自己的综合素质和综合能力，为实现个人的人生价值打下坚实的基础。

四、大学生创业的影响因素

大学生创业的影响因素有很多，主要包括以下几个方面（图 5-3）。

（一）个人因素

个人因素包括创业意愿、创业动机、个人素质、性格特点、学习经历和社会经验等。创业意愿是大学生创业的动力和源泉，创业动机是推动大学生创业的内在动力，个人素质、性格特点和学习经历等是影响大学生创业的重要因素，而学习经历和社会经验则是大学生创业的基础。

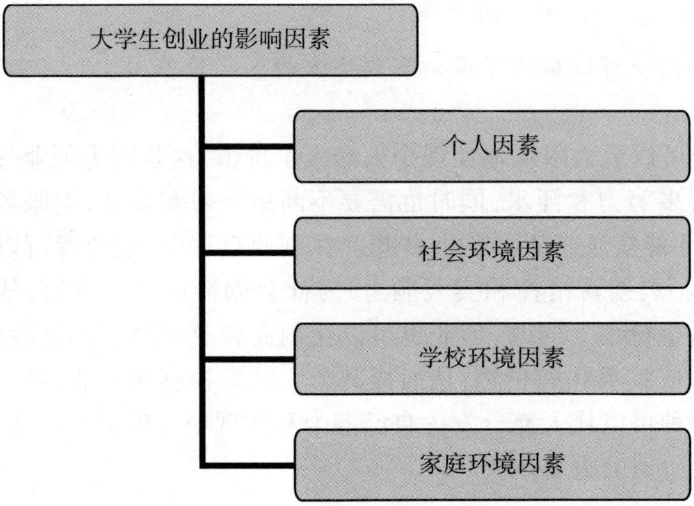

图 5-3　大学生创业的影响因素

（二）社会环境因素

社会环境因素包括国家政策、经济环境、社会文化、市场需求等。国家政策是大学生创业的保障，经济环境则是大学生创业的基础，社会文化和市场需求则是大学生创业的外部条件。

（三）学校环境因素

学校环境因素包括学校教育体制、创业教育、创业氛围等。学校教育体制能够影响大学生的学习方式和知识结构，创业教育能够培养大学生的创业意识和创业精神，创业氛围则能够激发大学生的创业热情和创新精神。

（四）家庭环境因素

家庭环境因素包括家庭经济状况、家庭文化、家庭教育观念等。家庭经济状况是大学生创业的物质基础，家庭文化和教育观念则能够影响大学生的创业价值观和创业精神。

五、大学生创业应处理好的几个关系

大学生创业过程中需要处理好多个关系，其中包括但不限于以下几个方面（图 5-4）。

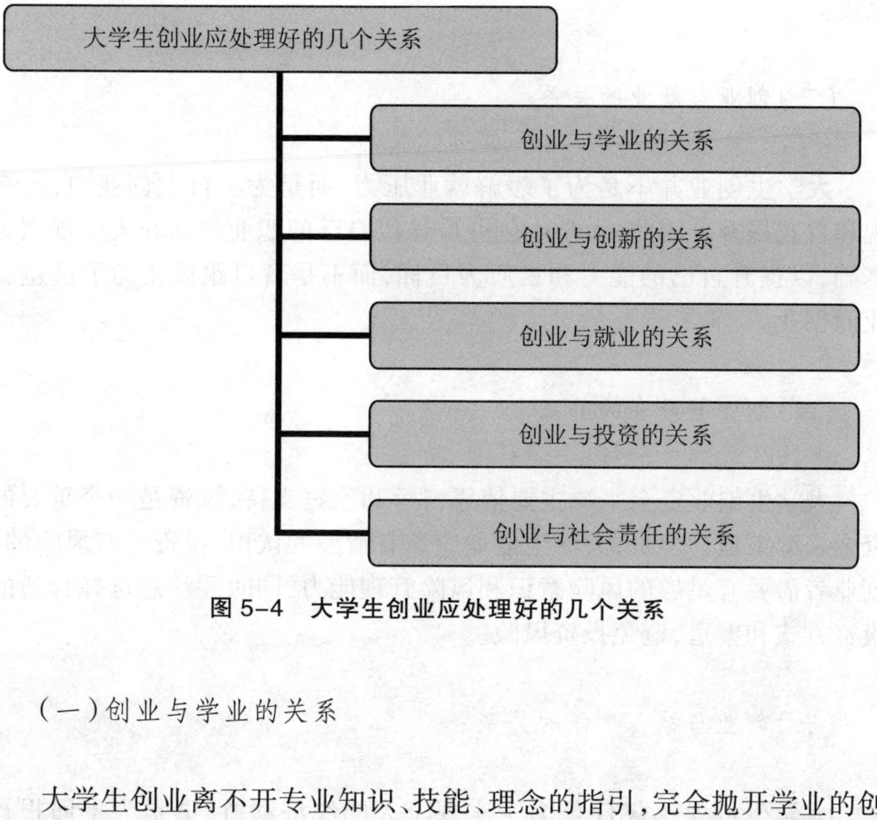

图 5-4　大学生创业应处理好的几个关系

（一）创业与学业的关系

大学生创业离不开专业知识、技能、理念的指引，完全抛开学业的创业行为只是无源之水、无本之木。学校和大学生都应充分认识到学业是创业的基础，一方面学校要打造适应大学生创业的课程资源，务求让大学生学有所用；另一方面大学生要明确学业的重要意义，只有扎实的学业基础，创业才具备基业长青的根本保障。否则，再好的大学创业业绩也只能是昙花一现，难以持久。

（二）创业与创新的关系

创新精神是大学创业的灵魂。学校在推动大学生创业的实践中，应坚持宽容和自由的理念，鼓励大学生敢于冒险和尝试，对创业失败的大学生也要有足够的宽容，而不是一边倒地宣扬创业成功的大学生，或以此作为学业交换的条件。大学生则应通过创业行为来培养自身的创新精神，拒绝以虚假创业的方式换取学分、谋求荣誉，而应真正以不怕冒险、不怕失败为精神动力，开创大学生创业的行业新理念、新方式、新高度。

（三）创业与就业的关系

大学生创业并不是为了缓解就业压力，而是为了自主创业、自我实现和自我提升。因此，大学生创业应该以自己的职业规划和人生规划为基础，以提升自己的能力和素质为目标，而不是盲目跟风或为了逃避就业而创业。

（四）创业与投资的关系

大学生创业资金来源主要依靠自筹和家庭支持，投资是一个重要的资金来源渠道。但是，大学生创业应该有清醒的认识，投资是有风险的，创业者需要有足够的风险意识和风险管理能力，同时要注意选择合适的投资方式和渠道，避免投资风险。

（五）创业与社会责任的关系

大学生创业不仅仅是为了实现个人的经济利益，更是为了回报社会、建设社会。因此，大学生创业应该注重社会责任，积极参与公益事业、回馈社会，为社会的发展和进步做出贡献。

第二节　创业的准备

一、知识准备

创业者应具备的知识包括以下几方面（图 5-5）。

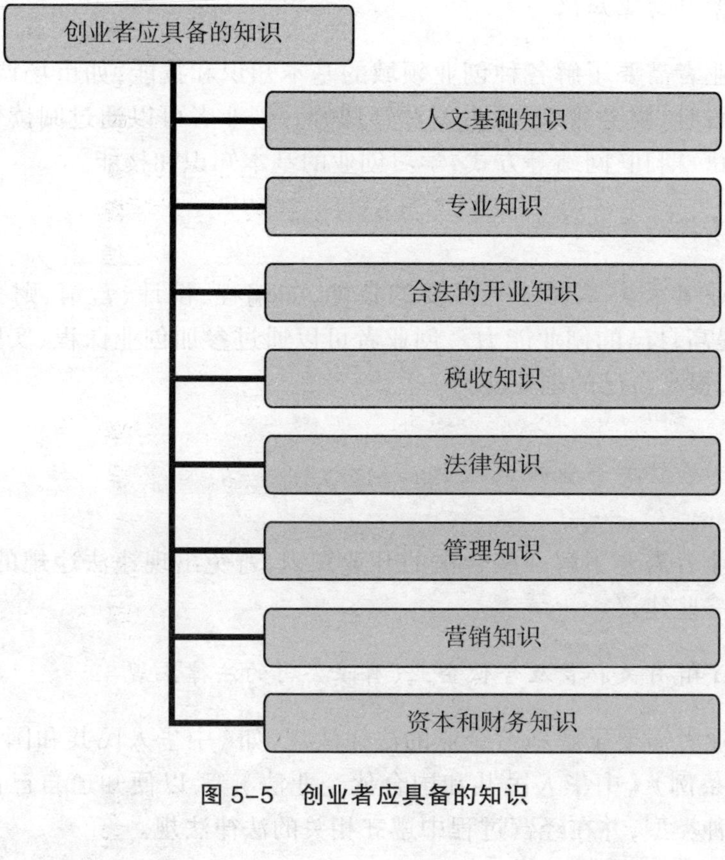

图 5-5　创业者应具备的知识

（一）人文基础知识

人文基础知识的学习和积累对于创业者来说十分重要。创业者需要具备创新思维和实践能力，同时还需要具备强烈的事业心、责任感和团队合作精神。人文基础知识的学习和积累可以帮助创业者更好地理解这些方面的素质要求。

（二）专业知识

创业者需要做好专业知识的准备，以便在创业过程中更好地掌握各种知识和技能，从而更好地把握市场机会，提高创业成功率。以下是一些建议。

1. 学习创业知识

创业者需要了解各种创业领域的基本知识和技能，如市场调研、商业模式设计、财务管理、人力资源管理等。创业者可以通过阅读创业相关的书籍、期刊、网站等方式，学习创业的基本知识和技能。

2. 掌握必要的技能

创业者需要掌握一些必要的技能，如编程、设计、营销、财务分析等，以提高自己的创业能力。创业者可以通过参加创业课程、实践活动等方式，提高自己的创业能力。

（三）合法的开业知识

创业者需要了解一些合法的开业知识，避免出现违法违规的情况。以下是一些建议。

1. 了解有关私营及合伙企业、有限公司的法律法规

创业者需要了解私营企业的法律法规，如《中华人民共和国私营企业暂行条例》《中华人民共和国合伙企业法》等，以便知道自己的企业属于哪种类型，并在经营过程中遵守相关的法律法规。

2. 了解怎样进行验资

创业者在设立企业时，需要进行验资，以确保企业的资本充足。创业者需要了解验资的程序和要求，以便在进行验资时不出现问题。

3. 了解怎样申请开业登记

创业者需要了解开业登记的程序和要求，如何办理营业执照等相关文件，以便在进行开业登记时不出现问题。

4. 了解哪些行业不允许私营

对于一些特定的行业，如金融、电信、烟草等，私营企业是不允许的。创业者需要了解这些行业的相关法律法规，以便在选择经营项目时避免违法经营。

5. 了解税务登记程序

创业者需要了解企业在设立后需要进行的税务登记，包括纳税人识别号的申请、纳税申报等程序，以便在经营过程中依法纳税。

（四）税收知识

创业者需要了解一些税收知识，以便在创业过程中合理规划企业的财务和经营活动，减少税务风险和纳税成本。以下是一些建议。

1. 了解企业所得税法

企业所得税是创业者需要重点关注的税种之一。创业者需要了解企业所得税的计算方法、税率等相关知识，以便在企业经营活动中合理规划收入和支出，减少应缴纳的企业所得税。

2. 了解增值税法

增值税是创业者需要缴纳的另一种主要税种。创业者需要了解增值税的计算方法、税率等相关知识，以便在经营活动中正确申报纳税，避免因为税务问题导致的经营风险。

3. 了解个人所得税法

个人所得税是创业者需要重点关注的另一个税种。创业者需要了解个人所得税的计算方法、税率等相关知识，以便在企业经营活动中合理规划员工薪酬和个人所得，减少应缴纳的个人所得税。

4. 掌握税务申报技巧

创业者需要了解企业所得税、增值税等税种的申报流程和要求，以便在规定的时间内及时申报纳税，避免因为申报不及时导致的税务问题和罚款。

（五）法律知识

创业者需要了解一些基本的法律知识，避免出现违法违规的情况。以下是一些建议。

1. 了解劳动法相关知识

创业者需要了解劳动法的相关规定，如劳动合同的签订、终止和解除等，以及劳动者的权利和义务。这有助于创业者规范用人行为，避免劳动纠纷的发生。

2. 了解公司法相关知识

创业者需要了解公司法的相关规定，如公司的设立、注册、运营、监管等方面的知识。这有助于创业者建立规范的公司结构和运营模式，保护自身权益。

3. 了解合同法相关知识

创业者需要了解合同法的相关规定，如合同的订立、履行、变更、解除等方面的知识。这有助于创业者规范合同行为，避免合同纠纷的发生。

4. 了解税法相关知识

创业者需要了解税法的相关规定，如增值税、企业所得税等税种的相关知识。这有助于创业者合理规划企业的财务和经营活动，避免因为税务问题导致的经营风险。

5. 了解知识产权法相关知识

创业者需要了解知识产权法的相关规定，如专利、商标等知识产权的相关知识。这有助于创业者保护自己的知识产权，避免因为知识产权问题导致的经营风险。

（六）管理知识

创业者需要了解一些管理知识，以便在创业过程中合理规划企业的运营和管理，提高企业的效率和竞争力。

1. 了解企业战略管理

创业者需要了解企业战略管理的相关知识，如战略规划、执行和评估等方面的知识。这有助于创业者制定明智的战略，引领企业在市场中取得成功。

2. 了解市场营销管理

创业者需要了解市场营销管理的相关知识，如市场调研、产品定位、广告宣传和销售渠道等方面的知识。这有助于创业者制定有效的市场营销策略，扩大企业的影响力和市场份额。

3. 了解财务管理

创业者需要了解财务管理的相关知识，如财务报表分析、成本控制、资金筹措和投资决策等方面的知识。这有助于创业者掌握企业的财务状况，提高企业的财务效益。

4. 了解人力资源管理

创业者需要了解人力资源管理的相关知识，如招聘、培训、绩效考核和薪酬福利等方面的知识。这有助于创业者建立高效的人力资源管理体系，激励员工，提高企业的员工素质。

（七）营销知识

创业者需要了解一些营销知识，以便在创业过程中制定有效的营销策略，扩大企业的知名度和市场份额。

1. 了解市场营销基础知识

创业者需要了解市场营销的基础知识，如市场调研、消费者行为分析、品牌建设和促销策略等方面的知识。这有助于创业者制定有针对性的营销策略，提高企业的知名度和市场份额。

2. 掌握网络营销技巧

创业者可以掌握一些网络营销技巧，如社交媒体营销、电子邮件营销和搜索引擎优化等，以便更好地推广企业的产品和服务，吸引更多的客户。

3. 了解客户关系管理

创业者需要了解客户关系管理的相关知识，如客户服务、满意度管理和客户关系维护等方面的知识。这有助于创业者维护好客户关系，提高客户满意度和忠诚度，促进企业的长期发展。

4. 学习市场竞争分析

创业者需要学习市场竞争分析的相关知识，如竞争对手分析、市场份额占有率分析和产品定位分析等方面的知识。这有助于创业者了解市场竞争环境，调整经营策略，提高企业的竞争力。

（八）资本和财务知识

创业者需要了解资本和财务知识，以便在创业过程中合理规划企业的融资和投资活动，提高企业的融资能力和投资回报率。

1. 了解企业融资方式

创业者需要了解企业融资的方式，如股权融资、债券融资、众筹等，以及各种融资方式的优缺点。这有助于创业者制定多元化的融资策略，满足企业不同的资金需求。

2. 了解财务报表

创业者需要了解企业的财务报表，如资产负债表、利润表、现金流量表等，以便了解企业的财务状况和经营成果。同时，创业者也需要关注财务报表的真实性和准确性，以避免因财务数据错误导致的经营风险。

3. 学习财务管理技能

创业者需要学习一些财务管理技能，如制定财务预算、控制成本、优化资产结构等，以便提高企业的财务效益和价值。

4. 关注投资风险

创业者需要关注投资风险，制定风险管理策略，如投资组合、风险分散和风险控制等。这有助于创业者降低投资风险，提高投资回报率。

5. 寻找合适的投资人

创业者可以通过各种途径寻找合适的投资人，如投资基金、风险投资公司、私募股权基金等。在寻找投资人时，创业者需要关注投资人的背景、经验和投资意向，以便选择合适的投资伙伴。

二、能力准备

大学生创业应具备的能力包括以下几方面(图 5-6)。

(一)协调能力

大学生创业过程中需要具备多种协调能力，以便与企业内部、外部的各种人员建立良好的合作关系，推动企业的发展。

1. 沟通协调能力

具备良好的沟通和协调能力，能够与企业内部的各个部门、外部的合作伙伴和客户建立良好的合作关系，推动企业的发展。

2. 团队协作能力

创业过程中，需要组建一个高效的团队来完成各项任务。因此，大学生创业者需要具备团队协作能力，以便带领团队完成目标。

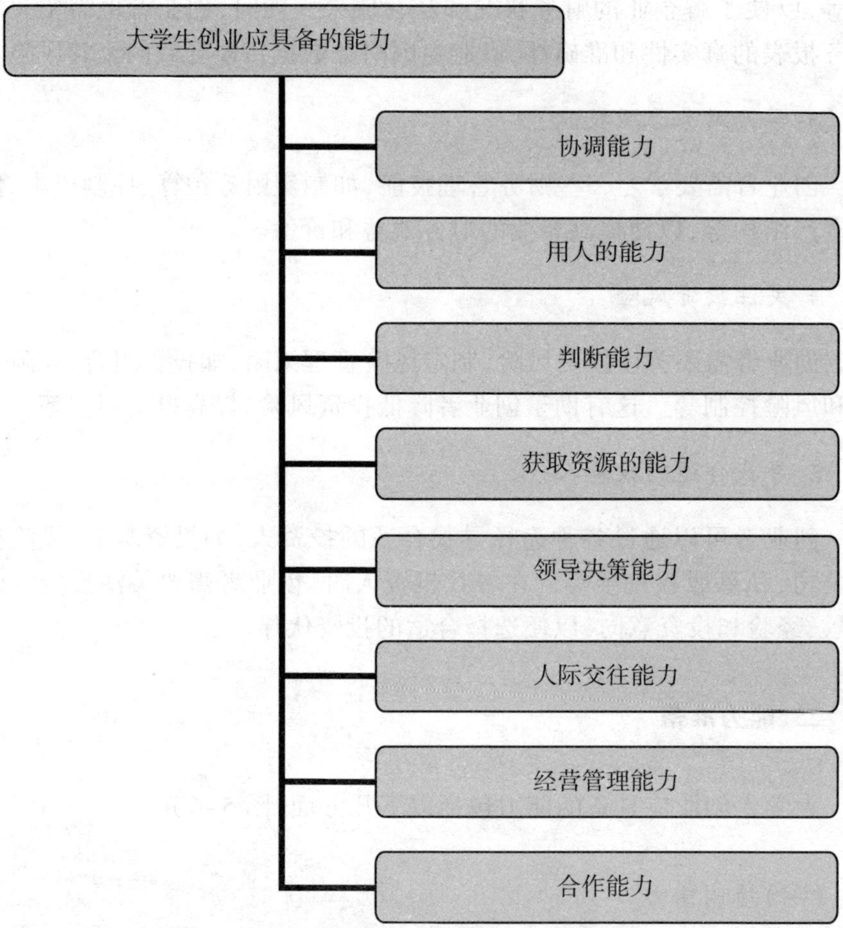

图 5-6　大学生创业应具备的能力

3. 计划与执行能力

能够制定明确的计划和执行方案，并有效地执行计划，以达成企业的目标。

4. 应变能力

面对市场的变化和企业的发展，需要具备灵活的应变能力，及时调整企业的发展方向和策略。

（二）用人的能力

创业者需要具备恰到好处的用人能力，只有能做到人尽其才，才能让企业获得更大的发展。在用人方面，创业者需要注意以下几点。

1. 知人善任

了解每个员工的专长和能力，根据其特长安排合适的工作岗位，使其发挥最大的潜力。

2. 公平公正

对待员工要一视同仁，不能因为他们的地位或资历而有所偏袒，否则会导致员工不满和离职。

3. 培训和发展

为员工提供培训和发展的机会，帮助他们不断提高技能和能力，以适应企业的发展和市场的变化。

4. 绩效评估

建立科学的绩效评估体系，对员工的工作表现进行评估，以便及时发现和解决问题，激励员工，提高工作效率。

5. 激励机制

设计合理的激励机制，如奖励制度、晋升制度等，以激发员工的工作热情和创造力。

6. 团队合作

鼓励员工之间的合作，增强团队凝聚力，提高工作效率。

通过以上措施，创业者可以建立一个高效的用人机制，充分发挥每个员工的长处，提高企业的竞争力，实现企业的长期发展。

（三）判断能力

判断力是管理和决策的基础。在创业过程中，判断力是必不可少的，因为复杂多变的环境需要创业者具备良好的判断力来把握事物发展的主流。

创业过程中的收益和风险总是并存的。在创业过程中，创业者需要对风险做出判断，并根据自己的风险偏好做出决策。如果没有判断力，创业者就无法做出明智的决策，也就无法规避风险，使企业获得成功。

（四）获取资源的能力

创业者需要合理利用有限的资源来创业。虽然资源条件是创业能力的重要构成部分，但企业资源是有限的，创业者需要根据实际情况合理规划和利用有限的资源，才能实现创业成功。

创业者在创业初期可能会缺乏一些资源，但这并不意味着他们不能创业。相反，他们可以通过整合并利用现有的资源来创业。创业者可以利用自己的经验、技能、人脉等有限的资源来开展创业活动，寻找市场机会，并不断完善自己的创业能力。

因此，创业者需要具备灵活运用资源的能力，善于发现并利用市场机会，不断提高自己的创业能力和竞争力，才能在激烈的市场竞争中获得成功。

（五）领导决策能力

创业活动中的每个阶段都需要创业者进行决策。创业项目的选择需要考虑多方面因素，如市场前景、竞争环境、自身优势等；企业产品的定位需要考虑目标受众、产品特点、市场定位等；企业的发展战略需要考虑市场拓展、产品研发、资金运营等；企业的商业模式需要考虑产品销售、客户服务、市场推广等；盈利模式需要考虑产品定价、成本控制、销售渠道等。

(六)人际交往能力

良好的人际交往能力是创业者必备的能力之一,它可以帮助创业者建立广泛的人脉关系,获取各种有价值的信息,提高决策效率,促进企业的发展。

(七)经营管理能力

创业者应具备经营管理能力,这是成功创业的重要条件之一。经营管理能力包括多个方面,如经营战略制定与实施、市场营销、人员管理、财务管理等。成功的创业者不仅需要有开拓创新的精神和勇气,还需要具备经营管理能力,才能够有效地领导企业发展,实现创业成功。

(八)合作能力

创业者不仅需要与自己的合作者、雇员合作,还需要与各种与企业发展有关的机构合作,如投资者、政府机构、行业协会等。此外,创业者还需要与同行业的竞争者合作,以获取更多的市场机会和资源。因此,创业者需要具备良好的合作意识和能力,善于与他人合作,共同实现企业的发展目标。

三、心理准备

创业者应具备的心理准备主要包括以下几方面。

(一)独立与合作的创业观念

独立与合作的创业观念是指创业者应该具备的心理品质和行为特征,既要有独立思考、自主行为的能力,又要能够与他人合作,共同实现创业目标。

(二)敢为与克制的创业精神

创业者需要具备敢为和克制两种创业精神。创业者需要在创业过程中,既敢为又善于克制,既要有胆量,又要有头脑,把握好创业的节奏和方向,实现创业目标。

(三)良好的适应性

适应性是创业者成功的关键因素之一。创业者需要不断调整自己的心态和行为,适应市场和环境的变化,保持竞争优势。要具备较强的适应性,创业者需要做到以下几方面。

1. 具有抗压能力

创业过程中,创业者可能会面临各种压力和挑战,如资金不足、市场竞争、技术问题等,需要有强大的心理承受能力和应对能力。

2. 具有坚韧不拔的意志

创业过程中,创业者可能会遭遇各种困难和挫折,需要有坚韧不拔的意志和毅力,持之以恒地推进企业的发展。

3. 具有适应性强的心理品质

创业者需要具备坚强的意志、乐观的态度、宽容的心态和良好的人际关系,能够适应环境的变化和应对各种挑战。

第三节　大学生创业人才的培养

一、创业人才培养需求分析

（一）团队建设需求

要建设一个优秀的创业团队应明确以下几点。

1. 明确创业目标

创业团队应该有明确的创业目标，包括创业的方向、目标和计划等，这样可以让团队成员清楚地知道自己要做什么，朝着什么方向努力。

2. 团队成员之间互补

创业者组建创业团队的目的就是为了弥补自身能力上的不足，希望通过组建团队，让团队成员之间的知识结构和能力素养能够互补。因此，创业团队成员应该具有不同的技能和专业背景，实现互补，提高团队成员的综合能力，从而更好地完成创业目标。

3. 目标和计划的清晰度

创业团队应该有清晰的目标和计划，包括创业的方向、目标和计划等，这样可以让团队成员清楚地知道自己要做什么，朝着什么方向努力。

4. 团队成员的自我管理

创业团队成员需要具备自我管理能力，包括自我激励、自我约束和自我管理，能够在创业过程中保持积极的心态和高效的工作状态。

5. 团队的文化建设

创业团队需要建立积极向上的文化，包括团队价值观、工作氛围、沟通方式等方面，这样能够让团队成员更加融入团队，提高团队的凝聚力和创新力。

6. 良好的沟通与协作

创业团队需要加强沟通与协作，包括团队成员之间的沟通、与外部合作伙伴的沟通等方面，这样能够提高团队的协作能力和市场拓展能力。

（二）资金需求

大学生创业必须要有前期的资本投入，然后才能有之后的产出与收益。大学生在进行融资的过程中一定要遵循以下几条基本原则。

1. 量力而行原则

大学生在进行融资时应充分考虑自身的经济状况和承受能力，确保融资行为不会给自己带来过重的负担，同时也要预留一定的备用资金，以备不时之需。

2. 增强抵御风险能力原则

大学生在进行融资时应注意增强自身的抗风险能力，可以通过多元化的投资组合、合理的风险分散等方式来降低投资风险。

3. 合法合规原则

大学生在进行融资时应遵守相关的法律法规，确保所有的操作都符合国家的政策和法规要求。

4. 诚实守信原则

大学生在进行融资时应遵循诚实守信的原则，如实告知自己的财务状况和经营计划，以便于投资者做出正确的决策。

5. 透明公开原则

大学生在进行融资时应保持透明公开的态度，让投资者能够充分了解自己的融资需求和经营计划，从而增强投资者的信任度。

6. 创新思维原则

大学生在进行融资时应具备创新思维，尝试运用新的融资方式、手段和渠道，以提高融资效率，降低融资成本。

7. 风险分担原则

大学生在进行融资时应注意与投资者共同承担风险，确保投资者的利益得到有效保障。

8. 经济效益与社会效益相统一原则

大学生在进行融资时应注重经济效益与社会效益相统一，实现企业发展与社会进步的良性循环。

二、构建创业人才培养体系

（一）我国几种典型的高校创业人才培养形式

我国几种典型的高校创业人才培养形式包括以下几方面。

1. "双元"创业型人才培养模式

这种模式将理论教学和实践教学相结合，采用校企合作的方式，为学生提供实践机会，提高其创业能力。

2. 产学互动的教学模式

这种模式注重培养学生的实践能力，将理论教学与实践教学相结合，通过实践基地等方式，让学生在实际生活中感受职业环境，从而培养学生适应职业岗位工作需要的能力。

3. "校中企"模式

这种模式将企业引入高校，与高校开展合作，为学生提供实践机会，提高其创业能力。

4. 创业实验班

这种班级通常由企业提供资金和资源，学校提供教师指导，为学生提供创业培训和指导，帮助他们开展创业活动。

5. 创业导师制

这种制度由企业家、创业成功人士等担任创业导师，为学生提供指导和支持，帮助他们开展创业活动。

总之，这些培养创业人才的模式都注重理论与实践相结合，重视学生的实践能力培养，为学生提供多种实践机会，帮助他们提高创业能力。

（二）高校创业人才培养体系构建的对策

构建高校创业人才培养体系需要从多个方面入手，以下是一些可行的对策。

1. 转变观念，加强创业教育

高校领导和教师应该转变观念，提高对创业教育的重视程度，将创业教育融入教育体系中，设置专门的创业教育课程，引进创业导师，为学生提供全方位的创业教育。

2. 丰富创业教育形式

高校可以通过开设创业课程、组织创业活动、提供创业实践机会等多种形式，让学生更好地了解创业过程和创业方法，提高他们的创业能力和综合素质。

3. 加强师资队伍建设

创业教育需要有一支专业的教师队伍，高校应该加强师资队伍建设，提高教师的专业素养和教学水平，为学生提供更专业的创业教育。

4. 注重学生个性化培养

每个学生都是独特的个体，高校应该注重学生的个性化培养，为不同的学生制定不同的创业教育方案，帮助他们发现自己的优势和潜力，提高他们的创业能力和竞争力。

5. 建立健全的创业扶持体系

政府、高校和企业等各方应该共同努力，建立健全的创业扶持体系，为大学生提供更多的创业支持和帮助，包括资金、技术、人才等方面的支持。

6. 加强校企合作

高校可以与企业开展合作，为大学生提供更多的实践机会，让大学生在实际工作中接触到创业实践，提高他们的实践能力和创业能力。

第四节　创业机会的识别

一、创业机会的概念

“创业机会，主要是指具有较强吸引力的、较为持久的、有利于创业的商业机会。创业者可以据此为市场提供有价值的产品或服务，并同时获益。”[①]

二、创业机会的特征

创业机会的特征包括以下几个方面（图5-7）。

（一）客观性和偶然性

创业机会是在市场环境中客观存在的，但是并不是每个创业机会都能被成功抓住。创业者需要具备一定的市场敏感性和洞察力，能够发现和识别市场中的潜在机会。同时，创业机会的出现也存在一定的偶然

① 王涛，刘泰然．创业原理与过程[M]．北京：北京理工大学出版社，2019.

性，需要创业者有一定的运气和机缘。

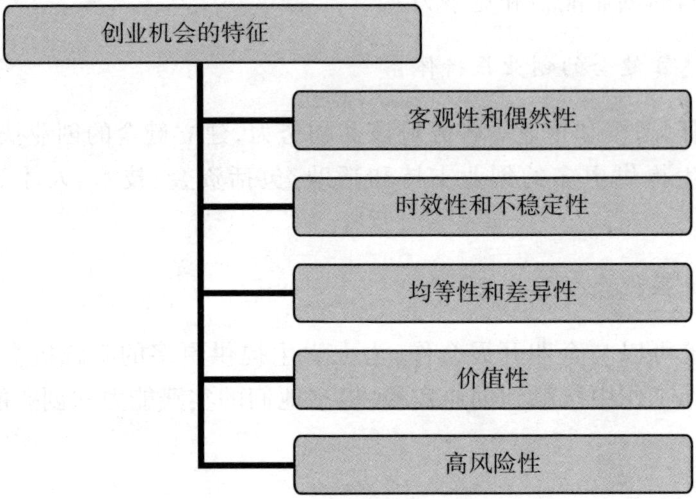

图 5-7　创业机会的特征

（二）时效性和不稳定性

创业机会都有一定的时效性，也就是说，机会出现的时间和地点都是有限制的，错过了就不再存在。同时，市场环境也是不断变化的，创业者需要时刻关注市场动态，及时抓住机会。

（三）均等性和差异性

创业机会对于不同的人和企业来说，是均等存在的。但是，每个人和企业对同一个市场机会的认识和利用程度是不同的，因此，能够获利的可能性及大小也会有所差别。

（四）价值性

好的创业机会能够创造价值，满足用户需求，同时也能为创业者带来收益。创业者需要判断一个创业机会是否有价值，是否能够为用户和自己创造价值。

（五）高风险性

创业本身就是一种高风险的活动，创业机会的获取也需要创业者冒一定的风险。创业者需要在机会与风险之间进行权衡，做出明智的决策。

三、创业机会的分类

根据不同的标准，创业机会可以有不同的分类方式。以下是几种常见的创业机会分类方式。

（一）根据行业进行分类

根据行业，可以将创业机会分为消费品机会、产业机会、服务机会等（图 5-8）。

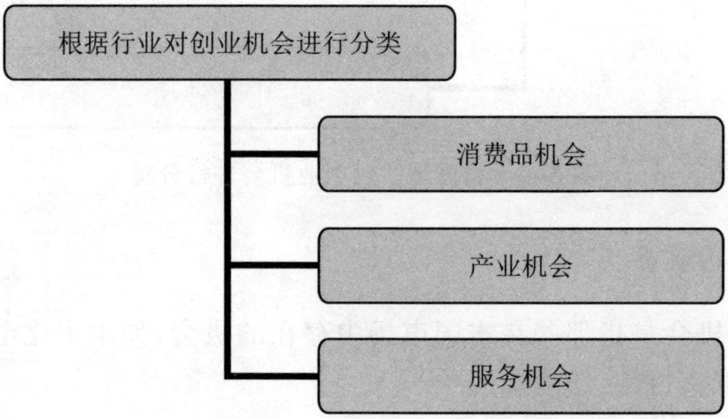

图 5-8　根据行业对创业机会进行分类

1. 消费品机会

消费品机会是指那些面向个人消费者的产品和服务机会，如个人护理产品、食品饮料、服装饰品等。

2. 产业机会

产业机会是指那些面向生产者或供应商的产品和服务机会，如科技、医疗、金融、物流等。

3. 服务机会

服务机会是指那些面向服务提供者的产品和服务机会，如在线教育、医疗服务、环保服务等。

（二）根据地区进行分类

根据地区，可以将创业机会分为国内机会和国际机会（图 5–9）。

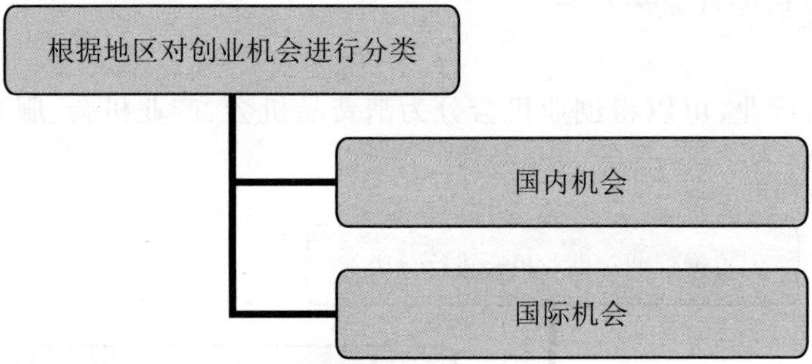

图 5–9　根据地区对创业机会进行分类

1. 国内机会

国内机会是指那些在本国市场中存在的机会，如本土化电商、社交媒体、在线支付等。

2. 国际机会

国际机会是指那些在全球范围内存在的机会，如跨境电商、国际物流、全球化医疗等。

（三）根据阶段进行分类

根据阶段，可以将创业机会分为种子期、初创期、成长期、成熟期和衰退期(图 5-10)。

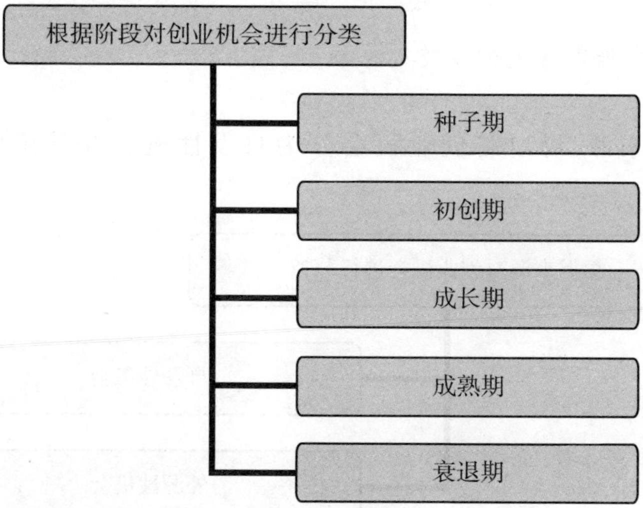

图 5-10　根据阶段对创业机会进行分类

1. 种子期

种子期的创业机会是指那些刚刚开始发展,需要进一步完善的机会。

2. 初创期

初创期的创业机会是指那些处于创业初期,需要进一步发展的机会。

3. 成长期

成长期的创业机会是指那些发展速度较快,需要进一步扩大规模和提高市场份额的机会。

4. 成熟期

成熟期的创业机会是指那些发展相对成熟,需要稳定发展和提高市场份额的机会。

5. 衰退期

衰退期的创业机会是指那些发展速度缓慢,需要逐渐退出市场的机会。

（四）根据来源进行分类

根据来源，可以将创业机会分为自发性机会和外源性机会（图5–11）。

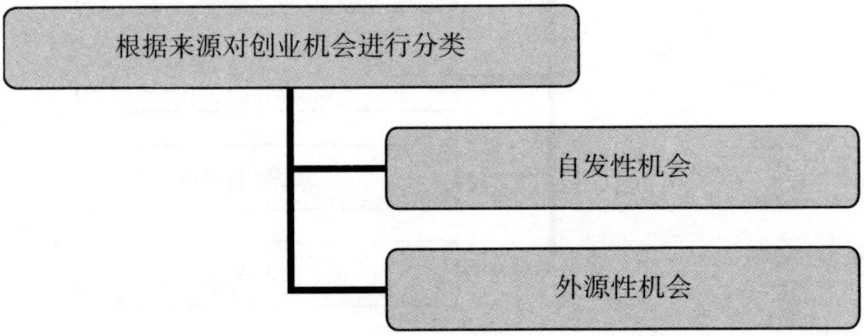

图 5–11　根据来源对创业机会进行分类

1. 自发性机会

自发性机会是指那些在市场中自然产生的机会，如需求的细分、技术的变革、社会的变迁等。

2. 外源性机会

外源性机会是指那些通过市场竞争产生的机会，如竞争对手的失误、市场空缺、政策变化等。

（五）根据时机进行分类

根据时机，可以将创业机会分为初创期机会、成长期机会和衰退期机会（图5–12）。

1. 初创期机会

初创期机会是指那些刚刚开始发展的机会，需要迅速抓住市场机遇。

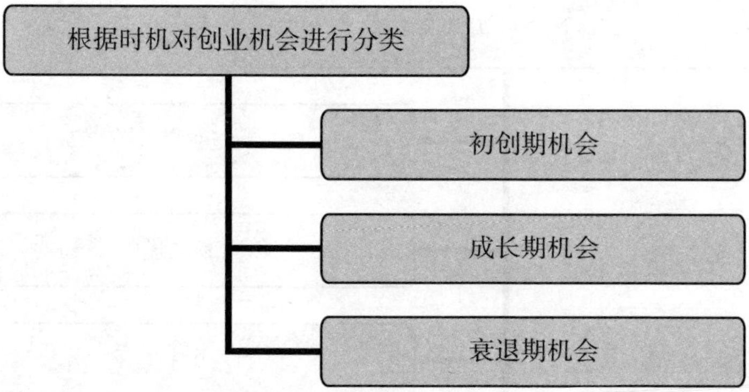

图 5-12　根据时机对创业机会进行分类

2. 成长期机会

成长期机会是指那些发展速度较快的机会，需要进一步扩大市场份额。成熟期机会是指那些发展相对成熟的机会，需要稳定市场份额。

3. 衰退期机会

衰退期机会是指那些发展速度缓慢，需要逐渐退出市场的机会。

四、创业机会的识别方法

创业机会的识别方法有很多种，以下列举了几种常见的方法（图5-13）。

（一）市场调研

创业者可以通过市场调研来了解当前市场的需求和趋势，观察消费者的行为和反应，寻找市场中存在的痛点或需要解决的问题，从而发现潜在的创业机会。

（二）创新和改进

创业者可以通过对现有产品或服务的不足之处进行创新和改进，来满足消费者的需求，并创造出独特的价值。

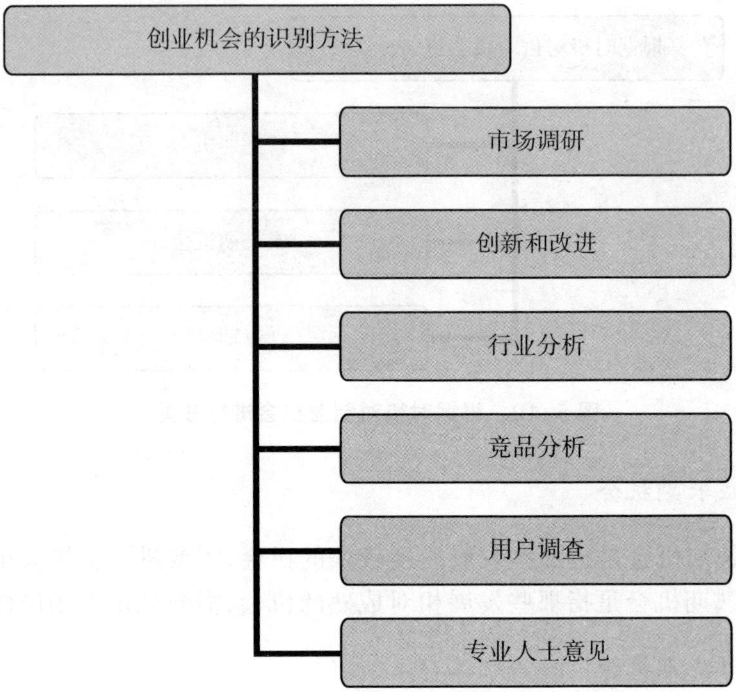

图 5-13　创业机会的识别方法

（三）行业分析

创业者可以通过对所在行业的发展趋势、市场规模、竞争程度等方面进行分析，来判断当前市场中存在的机会和潜在的威胁，从而发现适合自己的创业机会。

（四）竞品分析

创业者可以通过对同行业竞品的分析，来发现它们的不足之处，从而找到自己的差异化定位，发现市场中的机会。

（五）用户调查

创业者可以通过用户调查来了解他们的需求和偏好，从而发现市场中存在的空白点，为自己的产品或服务创造出新的市场。

（六）专业人士意见

创业者可以寻求专业人士的意见，如投资人、产业专家、行业协会等，来了解当前市场中存在的机会和威胁，从而做出更明智的决策。

五、创业机会识别的基本条件

创业机会识别的基本条件包括以下几个方面（图 5-14）。

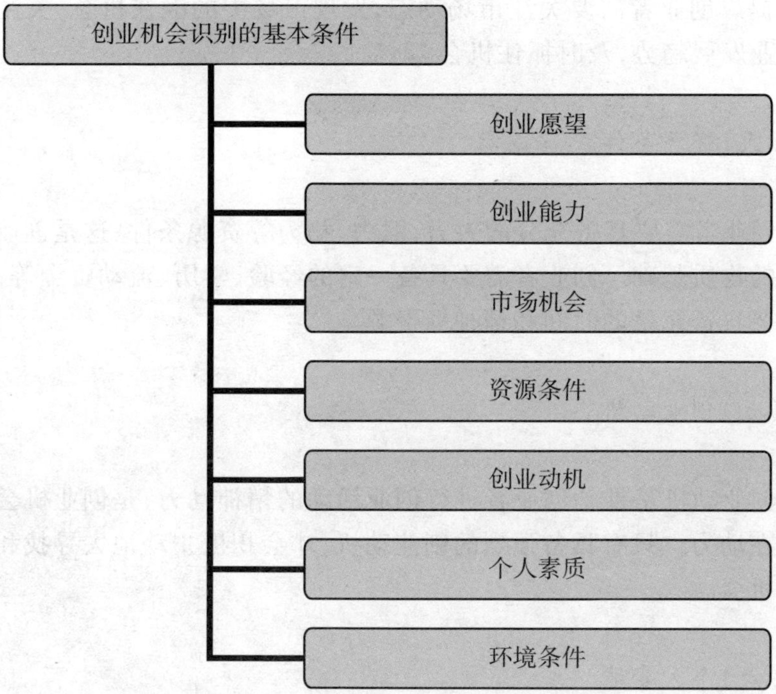

图 5-14　创业机会识别的基本条件

（一）创业愿望

创业愿望是创业者进行创业活动的内在动力和原始动力，是创业机会识别的前提和基础。只有具备强烈的创业意愿，才会主动去寻找和识别创业机会。

（二）创业能力

创业者需要具备一定的创新能力、市场洞察力、资源整合能力和风险承受能力等创业能力，这是创业机会识别的基础和保障。

（三）市场机会

创业机会是在市场中存在的，因此，市场机会是创业机会识别的重要前提。创业者需要关注市场动态，发现市场中的潜在机会，关注竞品和行业发展趋势，及时抓住机会。

（四）资源条件

创业者需要具备充分的人力、财力、物力等资源条件，这是创业机会识别的物质基础。创业者需要具备一定的经验、学历、流动资金等，同时还需要具备充足的时间和精神等资源。

（五）创业动机

创业动机是推动创业者进行创业活动的精神动力，是创业机会识别的内在动力。只有具备强烈的创业动机，才会积极主动地去寻找和识别创业机会。

（六）个人素质

创业者需要具备良好的个人素质，如诚信、勤奋、耐心、毅力等，这是创业机会识别的个人基础。创业者需要具备良好的个人形象和社交技巧，能够与他人建立良好的合作关系，并吸引潜在客户。

（七）环境条件

创业者需要具备适宜的环境条件，如市场空间、政策支持、社会资本等，这是创业机会识别的外部条件。创业者需要关注市场环境、政策环境、社会环境等，以便及时发现和利用各种创业机会。

第六章

建设团队：大学生创业团队的组建与管理

一个好的创业团队是企业发展的关键，其成员通常具备高度的专业技能和丰富的经验，并且有强烈的创业热情和创新精神，能够提供企业发展所需的强大动力，并且能够有效地应对各种风险和挑战。因此，企业应该重视创业团队的组建和管理，通过有效的激励机制和奖惩措施，激发团队成员的创造力和创新精神，从而推动企业的快速发展。

第一节　创业团队的内涵

一、创业团队的概念

创业团队是为进行创业而形成的集体。它使各成员联合起来，在行为上形成彼此影响的交互作用，在心理上意识到其他成员的存在及彼此相互归属的感受和工作精神。它的范围比创业搭档团队要大一些。

二、创业团队的发展过程

创业团队的发展过程一般可以分为以下几个阶段（图 6–1）。

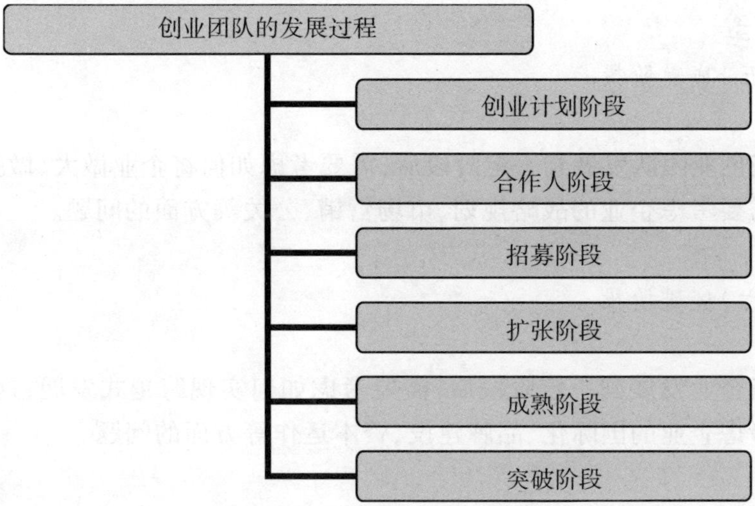

图 6–1　创业团队的发展过程

（一）创业计划阶段

创业团队需要想清楚自己要做的项目，将想法变为一个切实可行的操作书，完成最初的项目定型。这个阶段需要包括最初的调研。

（二）合作人阶段

找到志同道合的合伙人，对项目有共同的愿景，且个人能力符合项目需要，完成核心合伙人搭建。

（三）招募阶段

招到一批最基础的员工，来组建起公司的雏形。这个阶段人员不在多，在综合能力强，且全面。

（四）扩张阶段

当团队有了一定的规模后，就需要思考下一步的发展，这时候需要开始考虑业务扩张、人员扩张、技术扩张等方面的问题。

（五）成熟阶段

当创业团队发展到一定阶段后，需要考虑如何将企业做大、做强，这时候需要考虑企业的战略规划、市场营销、公关等方面的问题。

（六）突破阶段

当企业发展到一定阶段后，需要考虑如何实现跨越式发展，这时候需要考虑企业的国际化、品牌建设、资本运作等方面的问题。

三、成功创业团队的特征

成功创业团队的特征包括以下几个方面（图 6–2）。

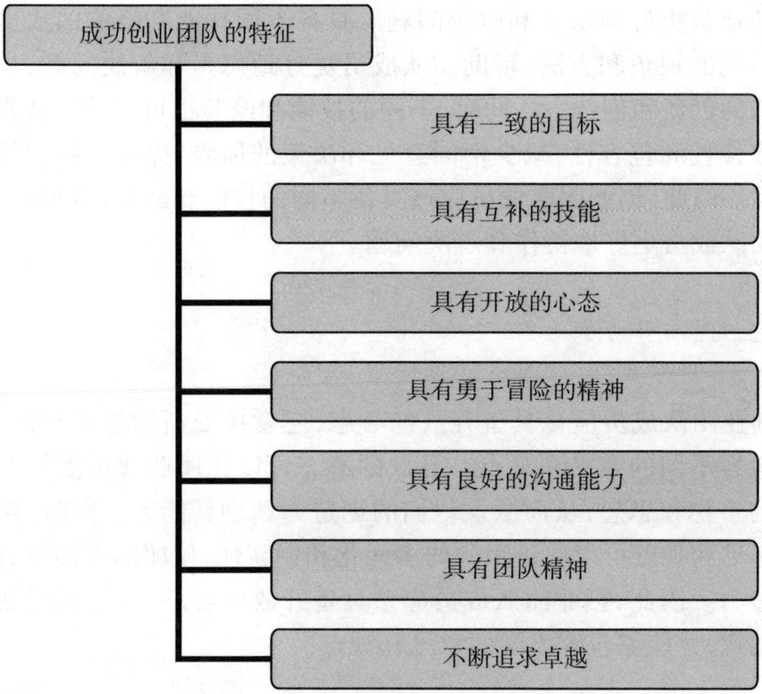

图 6-2　成功创业团队的特征

（一）具有一致的目标

成功的创业团队应该有一个共同的目标，这个目标应该是清晰、具体和可实现的。一个清晰的目标可以帮助团队成员更好地理解和聚焦于团队的工作，同时也可以激发他们的热情和动力，使他们更加专注于实现这个目标。一个具体的目标可以帮助团队成员更好地了解自己需要完成的任务和责任，从而更加有效地工作。一个可实现的目标可以让团队成员感受到成功的希望和信心，从而更加积极地投入到工作中。因此，一个共同的、清晰的、具体的、可实现的目标是成功创业团队的重要特征之一。

（二）具有互补的技能

创业团队成员应该具备不同的技能和经验，这样可以形成互补，帮助团队成员更好地协作和解决问题。具备不同技能和经验的成员可以提供不同的视角和方法，帮助团队成员更好地思考和解决问题，从而促进团队的创新和创造力。同时，不同的技能和经验也可以使团队具有更多的多样性和包容性，减少不同意见和决策的风险，提高团队的效率和稳定性。因此，创业团队成员应该具备不同的技能和经验，以形成互补，帮助团队成员更好地协作和解决问题。

（三）具有开放的心态

创业团队成员应该具备开放的心态，愿意接受新的想法和创意，并能够包容不同的意见和观点。开放的心态可以让团队成员更加愿意尝试新的事物和思想，从而激发他们的创造力和创新能力。同时，包容不同的意见和观点可以促进团队的多元化和创新性，使团队更加具有活力和创造力。因此，创业团队成员应该具备开放的心态，愿意接受新的想法和创意，并能够包容不同的意见和观点。

（四）具有勇于冒险的精神

创业团队成员应该具备坚韧不拔的精神和勇气，能够勇敢面对挑战和风险，从失败中汲取经验和教训，不断成长和进步。同时，不怕失败也可以让团队成员更加勇敢和自信，敢于尝试新的事物，挑战自己的能力和极限，从而推动团队不断前进。因此，成功的创业团队应该勇于冒险和尝试新的事物，不怕失败，能够从失败中学习和成长。

（五）具有良好的沟通能力

创业团队成员应该具备良好的沟通能力，能够清晰地表达自己的想法和意见，并能够有效地与其他团队成员沟通和协作。良好的沟通能力可以帮助团队成员更好地理解和分享信息和想法，增强团队的凝聚力和协作效率。同时，有效的沟通和协作也可以帮助团队更好地解决问题和克服困难，实现共同的目标。因此，创业团队成员应该具备良好的沟通能力，能够清晰地表达自己的想法和意见，并能够有效地与其他团队成员沟通和协作。

（六）具有团队精神

团队精神可以激发团队成员的工作热情和创造力，增强团队的凝聚力和向心力，从而更加有效地完成任务和实现目标。同时，团队精神也可以帮助团队成员更好地沟通和协作，建立起良好的团队文化和工作氛围，从而提高团队的工作效率。因此，成功的创业团队应该具备团队精神，能够相互支持和帮助，共同完成任务和目标。

（七）不断追求卓越

追求卓越可以让团队成员更加专注于自己的工作，不断提高自己的能力和水平，从而实现更高的目标。同时，不断努力提高自己和团队的水平也可以让团队不断进步和发展，为实现更高的目标不懈努力。因此，成功的创业团队应该追求卓越，不断努力提高自己和团队的水平，以实现更高的目标。

四、创业团队的意义

创业团队的意义如图 6-3 所示。

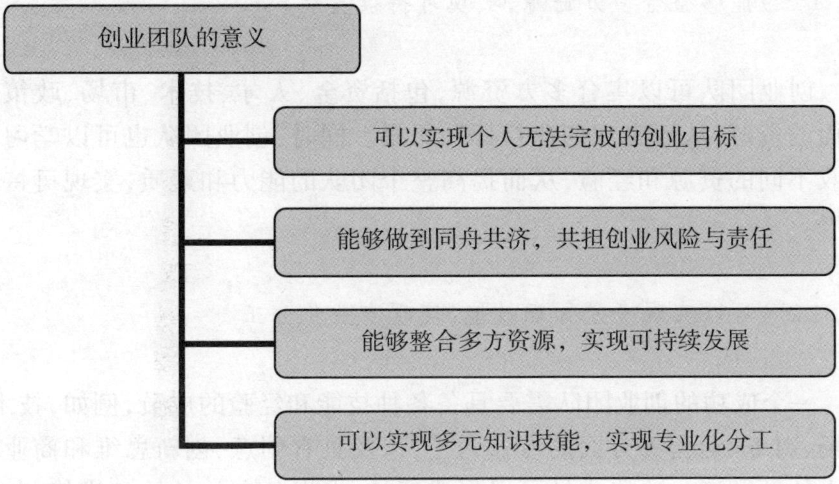

图 6-3　创业团队的意义

（一）可以实现个人无法完成的创业目标

创业团队通过集体的智慧和力量，可以共同制定创业计划、分工协作、解决问题、推动创新和创造价值。创业团队中的成员可以发挥各自的优势，相互支持和帮助，共同实现创业目标。同时，创业团队也可以分享知识和经验，共同学习和成长，从而提高整个团队的能力和素质。

总之，创业团队可以为创业者提供更好的创业支持和帮助，实现个人无法完成的创业目标，同时也可以提高创业的成功率和稳定性。

（二）能够做到同舟共济，共担创业风险与责任

创业团队是一个共同的创业目标和愿景，成员之间相互信任、相互支持、相互合作，可以共同应对创业过程中的挑战和困难。

在创业团队中，成员之间可以互相学习和借鉴，共同提高能力和素质，从而更好地应对市场变化和竞争压力。

创业团队也可以规避单个创业者可能面临的风险和不确定性，例如，市场风险、技术风险、管理风险等。创业团队可以通过团队的力量来应对这些风险和挑战，从而增强创业的稳定性和可持续性。

（三）能够整合多方资源，实现可持续发展

创业团队可以集合多方资源，包括资金、人才、技术、市场、政策等方面的资源，从而实现创业目标和愿景。同时，创业团队也可以学习和吸收不同的资源和经验，从而提高整个团队的能力和素质，实现可持续发展。

（四）可以实现多元知识技能，实现专业化分工

一个成功的创业团队需要具备各种技能和经验的成员，例如，技术、市场、财务、运营等方面的专业人士，以及具有创意、创新思维和商业洞察力的领导者。这些成员可以形成互补，发挥各自的长处和优势，共同推动创业公司的成功。

此外，创业团队成员之间的互补还可以带来更好的创意和创新，因为他们具有不同的背景和经验，可以从不同的角度看待问题，提出不同的创意和解决方案。这种互补性可以促进创业团队的创造力和创新能力，从而推动新创企业的成长和发展。

五、创业团队的社会责任

具体来说，创业团队的社会责任主要包括以下几方面（图 6–4）。

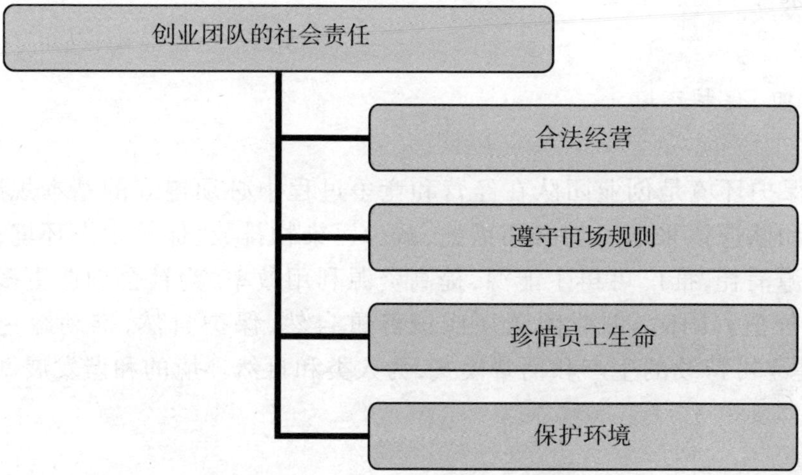

图 6–4　创业团队的社会责任

（一）合法经营

创办新企业的最基本的社会责任就是合法经营，尽可能为社会创造更多的财富，为国家上缴更多的税费。诚实纳税是每个企业家的责任和义务，是一个企业家道德水平的重要体现。只有依法经营、诚实纳税，才能够赢得社会的尊重和信任，同时也是企业家应尽的社会责任。

（二）遵守市场规则

遵守市场规则是新创企业和其他企业在经营和竞争过程中必须遵守的基本规则。这包括遵守商业道德、反垄断法、知识产权保护、劳动法等相关法律法规，确保企业在合法、合规的情况下开展业务，维护公平竞争的市场秩序，为消费者提供安全、可靠的产品和服务。

（三）珍惜员工生命

创业团队应该采取一切必要措施，保障员工的生命安全和健康，确保员工在工作中得到足够的保护和支持。同时，创业团队还应该尊重员工的生命权利和人格尊严，激发员工的工作热情和创造力，共同推动企业的发展。

（四）保护环境

保护环境是创业团队在经营和竞争过程中必须遵守的基本规则。创业团队应该采取一切必要措施，减少污染物排放、保护生态环境，降低能源消耗，推广可再生能源，提高资源利用效率，为社会创造更多的环境价值。同时，创业团队还应该尊重自然、保护自然，推动绿色发展，建立可持续的生产和消费模式，为人类和自然环境的和谐发展做出贡献。

第二节　创业团队的组建

一、组建优秀创业团队的要点

组建优秀创业团队的要点包括以下几方面（图 6-5）。

（一）相互信任

信任是建立在相互理解和尊重基础上的，而不是基于表面上的相似或共同点。大学生创业团队需要建立在相互信任的基础上，而不是基于表面上的相似或共同点。创业团队需要在合作过程中不断地交流和沟通，建立相互理解和尊重的基础，这样才能建立起真正的合作关系。

在创业团队建立之初，要把最基本的责、权、利说得明白透彻，尤其是股权、利益分配等。这样可以避免在企业发展壮大后出现的矛盾和分歧。同时，创业团队成员也需要明确自己的职责和权利，遵守团队的规则和制度，这样才能保证团队的稳定和发展。

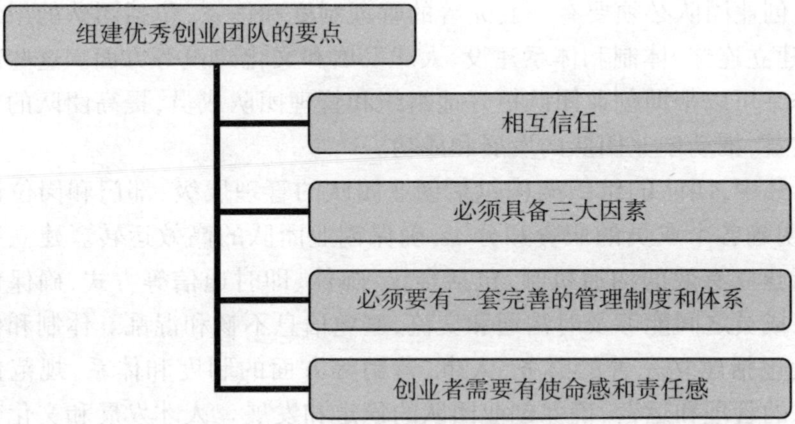

图 6-5　组建优秀创业团队的要点

（二）必须具备三大因素

创业团队必须具备的三大因素，即能带动气氛、鼓舞人心的领袖；有一群死心塌地跟着你干的兄弟；有一个靠谱的合伙人。

创业团队的核心人物或领袖是创业团队的灵魂，是创业团队的主心骨，是创业团队的核心竞争力。一个好的领袖，不仅可以带动创业团队的氛围和人心，激发每个人的热情和积极性，还可以为创业团队指明方向，带领大家一起朝着同一个目标前进。

创业团队不是一个人在战斗，而是一群人在战斗。一个好的领袖，不仅要能够带动团队的氛围和人心，还要能够吸引一群志同道合的兄弟跟着自己一起奋斗。这些兄弟可以在创业团队面临困难和挑战的时候，与创业团队一起并肩作战，共同战胜困难和挑战。

创业团队需要一个靠谱的合伙人，也就是创业团队的搭档。这个合伙人要具备一定的实力和资源，可以在创业团队需要的时候提供帮助和支持，也要能够与创业团队一起共同面对市场的竞争和风险。一个靠谱的合伙人可以为创业团队带来很多的帮助和支持，让创业团队在创业道路上走得更加顺利和稳定。

（三）必须要有一套完善的管理制度和体系

创业团队必须要有一套完善的管理制度和体系，包括团队的组织架构、建立连接、体制和体系建设、人才发展和文化建设等方面。这些制度和体系可以帮助创业团队更好地组织和管理团队成员，提高团队的效率和效益，推动创业团队的发展和成功。

其中，团队的组织架构包括创业团队的管理层级、部门和岗位设置等，明确各个成员的职责和分工，确保创业团队的高效运转。建立连接包括建立有效的沟通机制，包括会议、邮件、即时通信等方式，确保创业团队成员之间能够及时沟通和交流，避免信息不畅和混乱。体制和体系建设包括建立完善的财务、人事、营销等方面的制度和体系，规范创业团队的管理和运营，确保创业团队的稳定和发展。人才发展和文化建设包括制定人才发展规划，培养和引进优秀的人才，建立积极向上的文化氛围，激发团队成员的创造力和创新精神。

（四）创业者需要有使命感和责任感

创业者需要有强烈的使命感和责任感，这是推动创业团队前进的动力和源泉。创业者需要有远大的目标和梦想，明确创业的意义和价值，坚定不移地朝着目标前进。同时，创业者也需要有强烈的责任感，对自己、对团队、对客户、对社会负责，承担起应有的责任和义务，为实现创业目标而不懈努力。

使命感和责任感是创业者的精神支柱，可以激发创业者的内在动力和创造力，让他们在创业道路上走得更加坚定和自信。创业者需要具备高度的自我认知和自我驱动力，不断追求创新和进步，不断超越自己，为创业团队的成功和发展贡献自己的力量。

二、组建创业团队的步骤

组建创业团队是创业成功的关键之一，下面是组建创业团队的步骤（图 6–6）。

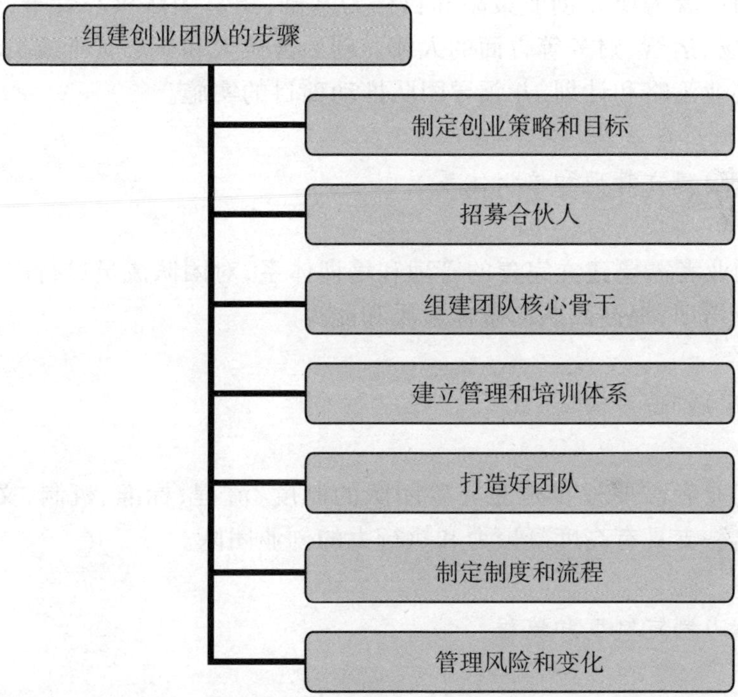

图 6–6　组建创业团队的步骤

（一）制定创业策略和目标

创业者需要明确创业的目标和愿景，制定创业策略和计划，包括创业方向、市场调研、竞争分析、商业模式设计等方面。这些步骤是创业成功的关键步骤，可以帮助创业者更好地了解市场和消费者需求，制定适合的商业模式和策略，从而更好地推动创业项目的发展。

（二）招募合伙人

创始合伙人是创业团队的核心成员，他们将共同致力于创业项目的发展，制定创业策略和计划，并领导团队推动项目的实施。

（三）组建团队核心骨干

创业者需要以创业策略和目标为基础，招募团队核心骨干，包括技术、市场、运营、财务等方面的人才。创始合伙人和核心骨干成员将共同制定创业策略和计划，并领导团队推动项目的实施。

（四）建立管理和培训体系

创业者需要建立完善的管理和培训体系，对团队成员进行岗位培训和职业培训，提高团队的整体素质和能力。

（五）打造好团队

创业者需要逐步建立完善团队的制度、流程、标准、机制、文化等，打造出一支具有高度凝聚力和执行力的创业团队。

（六）制定制度和流程

创业者需要制定完善的制度和流程，规范团队的管理和运营，确保创业团队的稳定和发展。

（七）管理风险和变化

创业团队面临着各种风险和变化，创业者需要具备应对风险和变化的能力，及时调整和应对团队面临的挑战和变化。

第三节　创业团队的管理

一、创业团队有效管理的途径

创业团队有效管理的途径主要包括以下几方面(图 6-7)。

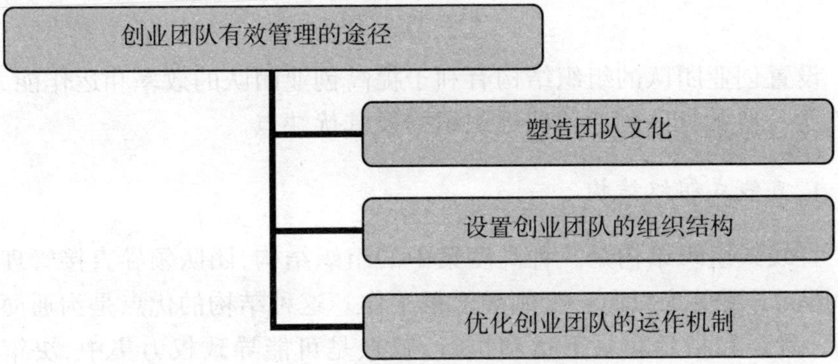

图 6-7　创业团队有效管理的途径

(一)塑造团队文化

共同的文化理念是团队凝聚力的核心。在共同的文化理念基础上，塑造共同的奋斗目标、行为规范，促使成员形成共同的行为准则。共同的文化理念还能凝聚人心，提高团队成员的认同感和归属感。

共同的价值观是团队文化的核心，是形成共同行为规范的基础。团队成员应该认同并遵守共同的价值观，包括诚信、创新、责任、服务、尊重等基本原则，这些价值观可以增强团队成员的凝聚力和向心力，提高团队的工作效率和竞争力。

共同的愿景是团队前进的方向和动力。共同的愿景可以激发成员的工作热情和创造力，提高团队的工作效率和竞争力，为团队的发展指明方向。团队领导者应该制定清晰的愿景和目标，并与成员进行充分沟通和协商，以确保愿景和目标的可行性和可持续性。

共同的行为规范是团队文化的基础。团队成员应该遵守共同的行为规范，包括工作流程、沟通方式、团队纪律等，这些行为规范可以增强团队成员的归属感和责任感，提高团队的工作效率和竞争力，促进团队的协作和发展。

共同的文化氛围是团队文化的重要组成部分，包括文化仪式、文化活动、文化宣传等，这些文化氛围可以增强团队成员的认同感和归属感，提高团队的凝聚力和向心力，提高团队的工作效率和竞争力。

（二）设置创业团队的组织结构

设置创业团队的组织结构有利于提高创业团队的效率和运作能力，下面是一些常见的创业团队组织结构及其优缺点。

1. 直线式组织结构

直线式组织结构是一种高度集中的组织结构，团队领导直接管理整个团队，下属员工只向一个领导汇报工作。这种结构的优点是沟通简单明了，命令和指示容易下达和执行，缺点是可能导致权力集中、决策缓慢和缺乏创新性。

2. 职能式组织结构

职能式组织结构是一种分工明确的组织结构，团队领导负责设计和执行具体的工作流程，下属员工只负责执行自己的工作任务。这种结构的优点是分工明确、专业性强，缺点是可能导致沟通不畅、协调困难和创新性不足。

3. 矩阵式组织结构

矩阵式组织结构是一种介于直线式和职能式之间的组织结构，团队领导负责设计和执行具体的工作流程，下属员工同时向两个或更多的领导汇报工作。这种结构的优点是可以整合不同部门的专业知识和资源，缺点是管理难度增加、协调成本较高。

4. 模拟分权式组织结构

模拟分权式组织结构是一种分权和集权相结合的组织结构，团队成员拥有自主决策的权利，同时接受来自上级领导的指导和监督。这种结构的优点是可以激发创新性和灵活性，缺点是可能导致责任不清、效率低下和缺乏稳定性。

无论采用哪种组织结构，都需要根据团队的实际情况和创业项目的特点进行选择和优化，确保能够充分发挥团队成员的优势和潜力，提高团队的工作效率和竞争力。

（三）优化创业团队的运作机制

优化创业团队的运作机制可以提高团队的工作效率和竞争力，下面是一些常见的创业团队运作机制及其优缺点。

1. 自我管理机制

自我管理机制是一种以自我管理为核心的运作机制，团队成员自主决策、自主管理、自主解决问题。这种机制的优点是可以激发成员的创造性和潜力，缺点是可能导致责任不清、效率低下和缺乏稳定性。

2. 项目管理机制

项目管理机制是一种以项目为导向的运作机制，团队成员按照项目计划和进度进行工作，领导进行监督和指导。这种机制的优点是可以提高工作效率和质量，缺点是可能导致资源浪费和协调不畅。

3. 竞争机制

竞争机制是一种通过竞争来激发团队成员工作积极性和创造性的运作机制，竞争对手之间相互竞争，团队成员之间相互竞争，领导进行监督和指导。

二、创业团队管理的技巧

概括来说，创业团队管理的技巧主要包括以下几方面（图 6-8）。

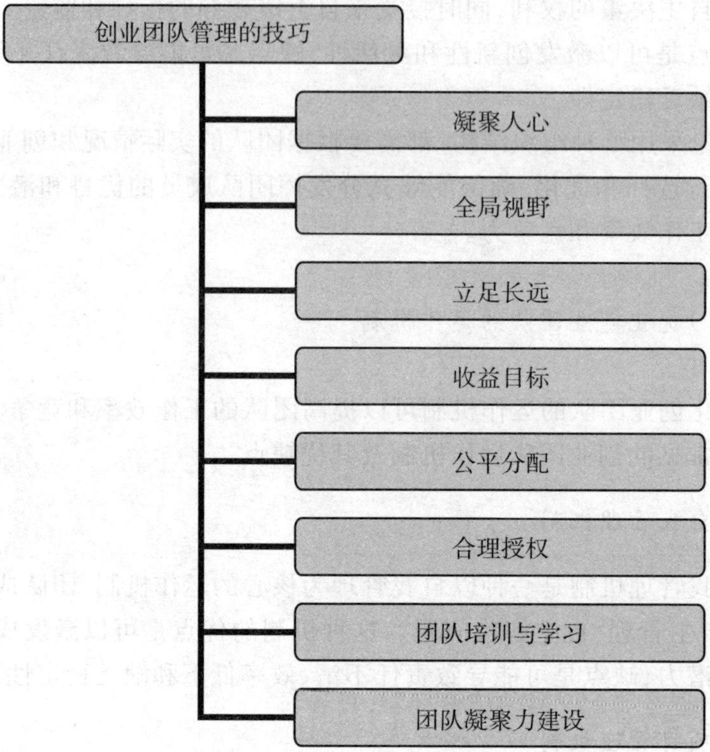

图 6-8　创业团队管理的技巧

（一）凝聚人心

创业团队的成功不仅仅是团队中成员个人的成功，它还包括团队的整体利益和成功。团队成员需要意识到自己的个人利益是建立在团队成功的基础上的，而不是相反。只有当整个团队能够成功，每个成员才能获得自己的个人利益。因此，团队成员需要齐心协力，共同努力，以确保整个团队的成功。

（二）全局视野

团队中每个人都应该明确自己在团队中的角色和责任，并且要积极参与团队的决策和规划过程。每个人都应该了解整个团队的目标、设计思路和预期目标，并且积极参与到团队的协作中，以实现整个团队的目标。同时，每个人也应该承担自己所负责的部分，并且要保证自己的工作质量和效率，以确保整个团队的成功。

（三）立足长远

创业是一个充满挑战和机遇的过程，团队成员需要具备坚韧不拔的毅力和决心，不断努力和奋斗，以克服各种困难和挑战，最终实现企业的长远目标。同时，团队成员需要不断学习和适应市场变化，不断创新和改进，以适应竞争环境和用户需求的变化。最后，团队成员需要注重团队合作和沟通，以保持团队的凝聚力和士气，共同推动企业的发展和壮大。

（四）收益目标

创业者的目标应该是创办一家成功的公司，并使公司不断成长和发展，为股东和员工创造价值。团队成员需要认识到，只有当公司实现了成功，他们才能获得真正的成功和收益。因此，他们需要共同努力，不断学习和改进，以确保公司的成功。

（五）公平分配

对关键员工的奖励以及团队的股本分配设计应该与一段时期内团队成员的贡献、业绩和成果挂钩，以确保公平、公正。具体来说，应该根据团队成员在过去的一段时间内的贡献和成果，包括完成的任务、创造的价值、带来的利润等，来计算他们的奖励或者分配股份。此外，还应该确保每个成员都有平等地获得奖励或者分配股份的机会，以避免任何一个人因为贡献不足或者其他原因而被排除在外。同时，应该建立一套完善的奖励和分配机制，以确保奖励和分配的公正性和透明度，并且能够持续地激励团队成员的积极性和创造性。

（六）合理授权

合理授权可以让每个成员充分展现自己的能力和潜力，能够促进个人职业的发展，也可以为团队的发展提供更多的可能性。合理授权可以提高团队的效率和生产力，因为授权可以减轻领导者的负担，让领导者将更多的精力放到更为重要的工作上，从而提高团队的工作效率和生产力。

（七）团队培训与学习

团队培训与学习是提高团队凝聚力和战斗力的重要途径之一。通过团队培训与学习，团队成员可以更好地了解团队的目标和愿景，增强团队协作和沟通能力，提高工作效率和质量，从而更好地实现团队的目标。

在团队培训和学习中，团队领导者应该明确团队的目标和愿景，确定需要改进的地方和方向，并为团队成员提供清晰的学习和成长路线。同时，团队领导者还应该为团队成员提供足够的资源和支持，确保团队成员能够充分参与和体验培训和学习的过程，从而获得更多的收益。

团队培训与学习的方式有很多种，包括户外拓展、研讨会、案例分析、实践操作等。通过这些方式，团队成员可以更好地了解团队的目标和愿景，提高自己的沟通和协作能力，增强自己的执行力和创新能力，从而更好地实现团队的目标。

（八）团队凝聚力建设

建设团队凝聚力可以增强团队成员之间的沟通和合作。以下是一些建设团队凝聚力的方法。

1. 增强团队成员之间的沟通和合作

团队领导者应该鼓励团队成员之间的沟通和合作，提高团队的协作和沟通能力。通过讨论、会议和其他形式的交流，团队成员可以更好地了解彼此的想法和意见，增强团队的向心力和凝聚力。

2. 建立共同的目标和愿景

团队领导者应该建立清晰的团队目标和愿景，让团队成员了解团队的使命和愿景，增强团队成员对团队的认同感和归属感。同时，团队领导者还应该为团队成员提供明确的职责和角色，让团队成员更好地理解自己在团队中的定位和贡献。

3. 提供良好的工作环境和氛围

良好的工作环境和氛围可以增强团队成员的工作动力和积极性。团队领导者应该为团队成员提供一个舒适、整洁和有序的工作环境，鼓励团队成员之间的合作和交流，营造积极向上的氛围。

4. 奖励和认可团队成员的贡献

团队领导者应该建立一套奖励和认可机制，对团队成员的工作和贡献进行及时的认可和奖励，增强团队成员的归属感和自豪感。同时，团队领导者还应该建立一个公平、公正的评价体系，对团队成员进行客观、公正的评价，避免任何一个人因为贡献不足或者其他原因而被排除在外。

三、团队管理中最容易出现的问题

团队管理中最容易出现的问题包括以下几方面。

（一）沟通不畅

团队成员之间缺乏有效的沟通和合作是团队管理中最容易出现的问题之一。这可能是由于团队成员之间缺乏信任、沟通技巧不足或者工作分配不合理等原因导致的。解决这个问题的方法如下。

1. 增强团队成员之间的沟通和合作

团队领导者应该为团队成员提供一个开放、透明和包容的工作环境，鼓励成员之间的交流和协作，建立开放的沟通机制和渠道，及时解决问题和冲突。

2. 提高团队成员的沟通技巧

团队领导者应该为团队成员提供一些沟通技巧和方法的培训和指导，帮助成员更好地理解和表达自己的想法和意见，增强团队成员之间的沟通和合作。

3. 明确工作分配和职责

团队领导者应该根据任务的具体情况，明确工作分配和职责，让成员明确自己的工作内容和责任，增强团队成员的责任心和执行力，提高团队的工作效率和生产力。

4. 建立良好的团队文化和价值观

团队领导者应该建立一个积极向上、和谐共处的团队文化和价值观，让成员感受到团队的温暖和支持，增强团队成员之间的向心力和凝聚力。

（二）决策不明确

团队领导者缺乏明确的决策机制和程序也是团队管理中最容易出现的问题之一。这可能是由于领导者缺乏有效的决策方法和程序，或者决策过程过于复杂和耗时，导致决策效率低下和风险增加，同时也会影响团队成员的积极性和创造性。解决这个问题的方法如下。

1. 建立明确的决策机制和程序

团队领导者应该建立明确的决策机制和程序，明确决策的流程和标准，让成员清楚地了解决策的过程和标准，提高决策的效率和质量。

2. 培养领导者的决策能力

团队领导者应该增强自己的决策能力和决策技巧，学习和掌握一些有效的决策方法和程序，提高决策的准确性和可靠性，同时也可以减轻成员的负担和压力。

3. 鼓励成员参与决策

团队领导者应该鼓励成员参与决策的过程，提高成员的参与度和积极性，增强成员的责任感和归属感，从而提高团队的工作效率和生产力。

4. 学习和掌握一些有效的决策方法和程序

团队领导者应该学习和掌握一些有效的决策方法和程序，如SWOT分析、数据分析、情景分析等，提高决策的科学性和有效性，从而提高团队的工作效率和生产力。

（三）执行不力

团队成员缺乏执行力和责任心是团队管理中最容易出现的问题之一。这可能是由于成员缺乏正确的工作态度和技能，或者没有得到适当的培训和支持，导致任务无法按时完成或者出现偏差，从而影响团队的工作质量和效率。解决这个问题的方法如下。

1. 提供正确的工作态度和技能培训

团队领导者应该为成员提供正确的工作态度和技能培训，帮助成员掌握正确的工作方法和技能，提高工作效率和质量。

2. 建立有效的工作绩效评估机制

团队领导者应该建立有效的工作绩效评估机制，对成员的工作表现进行及时的评估和反馈，激励成员提高工作绩效和责任心。

3. 提供适当的支持和资源

团队领导者应该为成员提供适当的支持和资源，如培训、技术支持、资金支持等，帮助成员更好地完成任务和实现目标。

（四）缺乏激励机制

团队缺乏有效的激励机制和奖惩措施也是团队管理中最容易出现的问题之一。这可能是由于领导者缺乏有效的激励方法和措施，或者奖惩措施不公平，导致成员工作动力不足和积极性下降，同时也会影响团队的工作氛围和士气。解决这个问题的方法如下。

1. 建立有效的激励机制和奖惩措施

团队领导者应该建立有效的激励机制和奖惩措施，如奖励表现优秀的成员、惩罚表现不佳的成员、增加团队的工作压力等，激励成员提高工作绩效和积极性。

2. 公平公正地分配奖励和惩罚

团队领导者应该公平公正地分配奖励和惩罚，确保奖励和惩罚的公正性和合理性，从而激励成员提高工作积极性和责任心。

（五）文化冲突

团队成员之间的文化差异和冲突，会影响团队的和谐和稳定，从而影响团队的工作效率和生产力。解决这个问题的方法如下。

1. 促进文化差异的理解和沟通

团队领导者应该促进不同文化背景的成员之间的理解和沟通，让成员了解彼此的文化差异和冲突，增强相互理解和包容，从而减少团队内部的冲突和矛盾。

2. 提供相关的培训和支持

团队领导者应该提供相关的培训和支持，如文化差异的介绍、语言和习俗的差异等方面的培训，帮助成员更好地了解和适应不同的文化环境，从而提高团队的和谐和稳定性。

（六）管理不当

团队管理者缺乏专业知识和管理技能，导致管理不当和冲突，同时也会影响团队成员的士气和工作积极性。解决这个问题的方法如下。

1. 建立良好的管理文化和价值观

团队领导者应该建立一个积极向上、和谐共处的管理文化和价值观，让成员感受到管理的重要性和价值，增强成员之间的合作和责任心，从而减少管理不当和冲突对团队的影响。

2. 引导管理行为和方式

团队领导者应该引导管理行为和方式，如建立明确的管理流程和标准、明确管理责任和权限、建立有效的反馈和沟通机制等，提高管理的效率和质量。

3. 处理管理问题和冲突

团队领导者应该及时处理管理问题和冲突，鼓励成员勇于提出意见和建议，建立一个互相理解、互相支持的团队氛围，提高团队的工作效率和生产力。

第七章

走向成功：大学生的创业实践研究

大学生创业实践研究是大学生创新创业的重要组成部分，有助于提高大学生的创新创业能力和实践能力，为将来的创业实践打下坚实的基础。本章对大学生创业实践的相关内容进行简要阐述。

第一节　创业资金的筹措

一、创业融资的概念

创业融资的概念是指创业企业的资金筹集行为和过程，即创业公司根据自身的资金状况、生产经营状况以及公司未来经营发展的需要，通过科学的预测，采用一定的方式从一定的渠道向债权人或投资者筹集资金，从而保证公司正常生产经营活动需要的理财行为。

二、创业融资的原则

创业融资的原则主要包括以下几方面（图 7–1）。

（一）合理性原则

创业融资的合理性原则是指在创业融资过程中，应当遵守经济规律和市场规则，以合理的成本和风险获取最大化的收益。以下是创业融资的合理性原则。

1. 资金数量上追求合理性

创业企业在融资过程中，应当根据自身的资金状况和生产经营状况，确定合理的融资规模和融资结构，避免融资过多或过少导致资金使用成本上升或经营风险加大。

2. 资金使用上追求效益性

创业企业在融资过程中，应当追求资金使用的效益性，尽可能地降低融资成本和财务风险，同时要保证生产经营的正常运转和未来发展的资金需求。

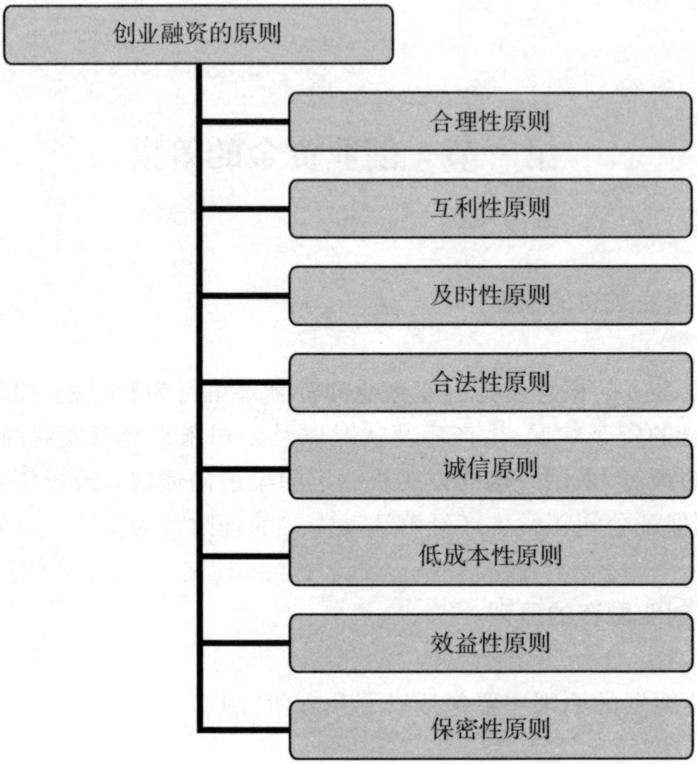

图 7-1　创业融资的原则

3. 资金运作上追求增量筹资的同时还应更加注重存量筹资

创业企业在融资过程中,应当注重增量筹资和存量筹资的结合,通过吸引外部投资、寻求内部资金支持等方式,增加企业的资金来源,同时要注重存量资金的有效利用,提高资金使用效率。

4. 筹资渠道上追求以信誉取胜

创业企业在融资过程中,应当注重选择信誉良好、融资能力强的金融机构或投资人,并且要注重与其进行的沟通和合作,共同促进企业的发展。

(二)互利性原则

在融资谈判中,无论双方的国家力量如何,也无论双方金融实力的强弱差别，谈判的结果应当符合双方的利益。平等互利的原则可以确保融资双方的合作关系具有稳定性和可持续性，有利于融资活动的顺利进行。

（三）及时性原则

创业融资的及时性原则是指在创业融资过程中，要注重及时、准确地获取资金，确保企业生产经营的正常进行。及时性原则包括两个方面的含义：一是融资活动要及时启动，以尽快满足企业的资金需求；二是资金到位要及时，以保证企业生产经营的连续性和稳定性。

及时性原则还要求创业企业在融资活动中要注重时效性，及时跟进资金使用情况，确保资金使用的有效性和合理性。

（四）合法性原则

创业融资的合法性原则是指在创业融资过程中，要遵守相关法律法规和市场规则，确保融资活动的合法性和规范性。

在创业融资过程中，创业者和投资者都应当遵守相关的法律法规，如《中华人民共和国公司法》《中华人民共和国证券法》《中华人民共和国合伙企业法》等。同时，创业企业在融资过程中，也要遵守相关的法律法规和市场规则，如《中华人民共和国合同法》《中华人民共和国劳动法》《中华人民共和国反不正当竞争法》等。这些法律法规和市场规则可以保障创业企业和投资者的合法权益，避免因违法违规行为而导致的法律风险和经济损失。

（五）诚信原则

创业融资的诚信原则是指在创业融资过程中，各方应当遵守诚实守信、诚信履约的原则，建立良好的信用基础。

在创业融资过程中，创业者和投资者都应当遵守诚实守信的原则，如实披露企业和资金情况，不进行虚假陈述和欺诈行为，保证资金使用的合法性和透明度。同时，创业企业在融资活动中也要遵守诚信原则，如实披露相关信息，遵守市场监管规则，维护市场公平竞争，建立良好的信用基础，为融资活动的开展创造良好的信用环境。

此外，创业融资的诚信原则还要求创业企业和投资者在合作过程中遵守承诺，如约定的投资金额、投资时间、投资方式等，确保投资活动的顺利进行。如果一方不履行承诺，将会对创业企业和投资者造成严重的损失，甚至可能导致合作关系破裂。

（六）低成本性原则

创业融资的低成本性原则是指在创业融资过程中，要注重融资成本的控制，以降低企业的财务负担。

在创业融资过程中，融资成本的高低对企业的融资决策和融资效益产生重要影响。因此，创业企业在融资过程中，应当注重选择低成本的融资渠道和方式，如银行贷款、股权融资等，以降低企业的融资成本，促进企业的发展。

（七）效益性原则

创业融资的效益性原则是指在创业融资过程中，要注重融资效益的提高，以实现融资成本和效益的平衡。同时，在融资活动中，创业企业还应当注重优化资本结构，通过合理的负债比例控制，降低财务风险，提高企业的融资效益。

（八）保密性原则

创业融资的保密性原则是指在创业融资过程中，要注重保护企业和投资者的商业机密和知识产权，确保融资过程的公平、公正和透明。

在创业融资过程中，企业和投资者都需要保护自己的商业机密和知识产权，以避免因信息泄露而导致的经济损失。因此，创业企业在融资过程中，要遵守保密性原则，确保融资过程的公平、公正和透明，同时要注重保护投资者的知识产权和商业机密，避免因商业机密泄露而影响融资效果。

此外，创业融资的保密性原则还要求创业企业在融资活动中要遵守相关的保密协议和知识产权法律法规，以确保企业和投资者的权益不受侵害。只有遵守相关的保密协议和知识产权法律法规，才能保障创业融资的公平、公正和透明，促进市场经济的健康发展。

三、创业融资的分类

根据不同的标准，创业融资可以有不同的分类。

（一）根据资金来源分类

根据资金来源，创业融资可以分为内源融资和外源融资（图 7-2）。

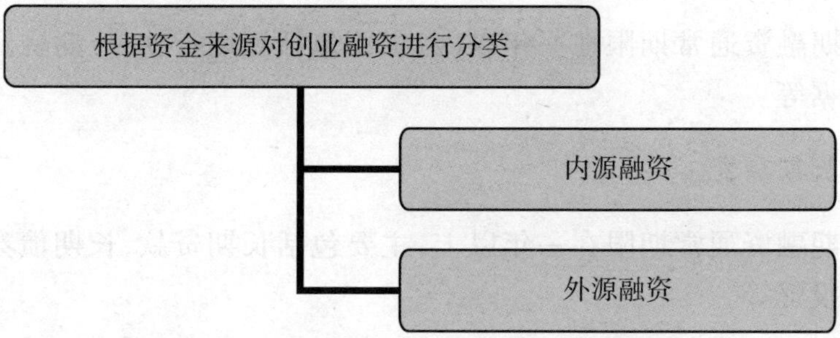

图 7-2　根据资金来源对创业融资进行分类

1. 内源融资

内源融资是指企业通过自身积累的资本或者留存收益进行的融资。

2. 外源融资

外源融资是指企业从外部筹集的资本，包括债权融资和股权融资。

（二）根据融资期限分类

根据融资期限，创业融资可以分为短期融资和长期融资（图 7-3）。

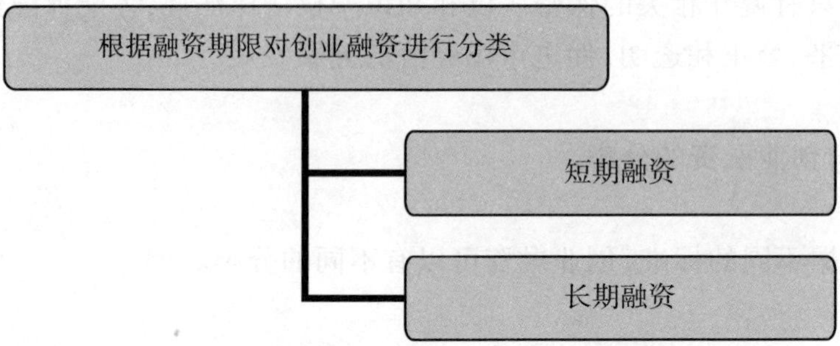

图 7-3　根据融资期限对创业融资进行分类

1. 短期融资

短期融资通常期限在一年以内，主要包括短期贷款、短期融资券和短期票据等。

2. 长期融资

长期融资通常期限在一年以上，主要包括长期贷款、长期债券和长期股权投资等。

（三）根据投资主体分类

根据投资主体，创业融资可以分为个人创业融资和机构创业融资（图 7-4）。

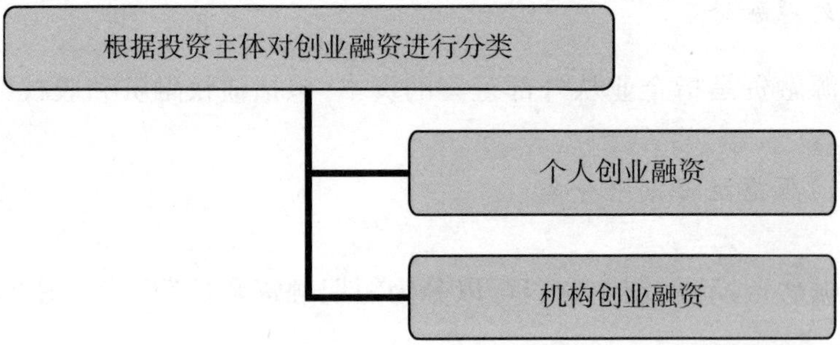

图 7-4　根据投资主体对创业融资进行分类

1. 个人创业融资

个人创业融资主要涉及自然人向创业企业的贷款。

2. 机构创业融资

机构创业融资主要涉及金融机构向创业企业的贷款或者股权投资。

（四）根据用途分类

根据用途，创业融资可以分为创业起步融资、扩张融资和并购融资（图 7–5）。

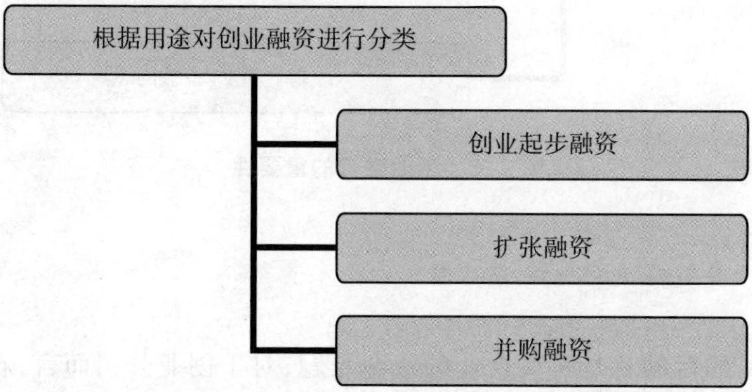

图 7–5　根据用途对创业融资进行分类

1. 创业起步融资

创业起步融资主要用于企业的初始阶段，包括注册资本、办公场地、人员招聘等方面的资金需求。

2. 扩张融资

扩张融资主要用于企业的扩张阶段，包括市场开拓、产品研发、生产能力提升等方面的资金需求。

3. 并购融资

并购融资主要用于企业的并购阶段，包括收购资产、扩大市场份额等方面的资金需求。

四、创业融资的重要性

创业融资的重要性主要体现在以下几个方面（图 7–6）。

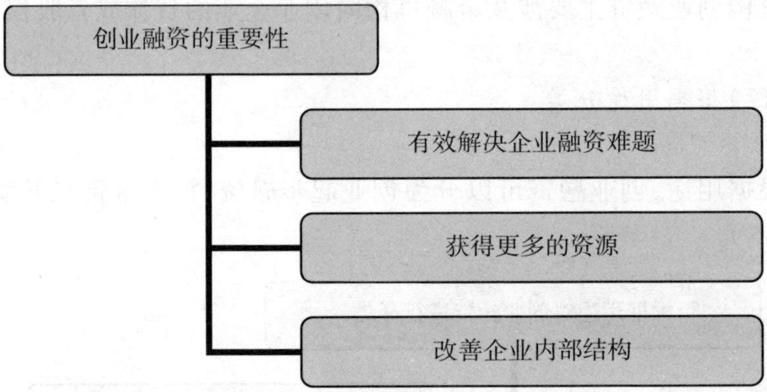

图 7–6　创业融资的重要性

（一）有效解决企业融资难题

融资的目的就是解决企业的资金难题，对于创业公司而言，在其起步发展阶段需要的资金量通常较大，传统的银行贷款方式很难满足创业公司的需求，而创投市场则可以为创业公司提供足额的资金支持，帮助创业公司快速成长。

（二）获得更多的资源

获得投资人的投资，创业公司不仅可以获得资金支持，还可以获得投资人背后的资源，包括但不限于人才、媒体、市场渠道等，这些资源可以帮助创业公司更快地扩大规模、提升品牌知名度，进而实现快速发展。

(三)改善企业内部结构

融资还可以帮助创业公司改善企业内部结构，提高运作效率，降低运营成本，为企业的可持续发展打下坚实的基础。

五、创业融资的过程

创业融资的过程，可遵循以下步骤(图 7–7)。

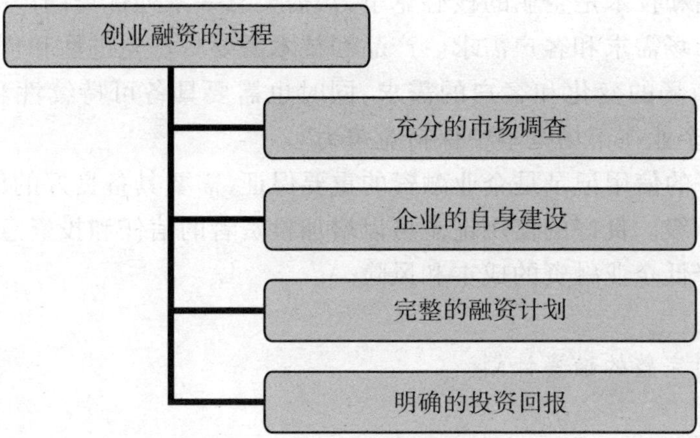

图 7–7　创业融资的过程

(一)充分的市场调查

在创业融资中要进行充分的市场调查。市场调查是能够描述创业想法的可行性和需求状况的实证数据，是研究经营决策的前提。只有对市场做出科学的分析和判断，决策才有针对性，融资才有可靠的基础。

(二)企业的自身建设

对于新开办的企业，为了吸引投资者投资，需要在管理团队、盈利模式、产品和技术、良好的信用记录等方面建立起优秀的形象和声誉，这些方面不仅是企业融资前吸引投资者的信息，也是融资后实现融资目标的重要保证。

管理团队是企业的核心，需要有一支优秀的管理团队来领导和管理企业。管理团队需要具备丰富的行业经验、卓越的领导能力和管理技能，以及良好的职业道德和诚信意识。同时，管理团队还需要具备创新能力和市场洞察力，以及对企业发展的战略规划和执行能力。

盈利模式是企业能够持续发展的重要保障，需要有一套清晰、可行的盈利模式来实现企业的发展目标。盈利模式需要结合市场需求和企业资源，制定出科学、可持续的商业计划，并通过有效的执行和管理来实现企业的盈利目标。

产品和技术是企业的核心竞争力，需要有一系列优秀的产品和技术来满足市场需求和客户需求。产品和技术需要具备先进性和创新性，能够满足市场的变化和客户的需求，同时也需要具备可持续性和可扩展性，以便企业在市场竞争中保持竞争力。

良好的信用记录是企业融资的重要保证，需要具备良好的信用记录和信用评级。良好的信用记录可以增加投资者的信任和投资意愿，同时也可以降低企业融资的成本和风险。

（三）完整的融资计划

融资计划是指企业在融资过程中所制定的具体融资方案，一份完整的融资计划应该包括以下内容。

1. 项目简介

简要介绍项目的背景、目的、意义和商业模式等内容。

2. 项目分析

对项目进行全面的分析和评估，包括市场分析、竞争分析、财务分析等方面。

3. 融资需求

详细说明企业融资的金额、用途和还款来源等内容。

4. 资金筹措

说明企业如何筹措融资资金，包括但不限于股权融资、债权融资、融资租赁等方式。

5. 融资方案

详细说明企业的融资方案，包括但不限于融资金额、融资期限、融资成本、还款方式等内容。

6. 财务分析

对融资方案进行财务分析，包括但不限于财务报表分析、财务风险分析等方面。

7. 风险控制

说明企业对风险的控制措施，包括但不限于风险管理策略、风险转移措施等方面。

8. 融资退出

说明企业在融资后的退出方案，包括但不限于回购股权、出售资产等方面。

（四）明确的投资回报

在融资前确定选择什么样的回报方式非常重要，因为不同的回报方式会对企业或投资者产生不同的影响。选择合适的回报方式可以提高企业或项目的吸引力，让投资者感觉其资金投放于企业比放在银行或自己投资好。

六、创业融资的渠道

创业融资的渠道有很多种，以下是一些常见的方式。

（一）个人资金

对于大学生创业者来说,个人资金往往来源于父母的资金支持以及自身资金的积累。这一创业融资渠道避免了从外部寻找投资者所占用的大量的精力、时间和费用。对于大学生创业者来说,这些时间和费用是非常宝贵的。他们可以将这些时间和费用投入到创业项目的推广和发展中,从而更快地实现自己的创业梦想。

（二）亲友资金

亲友资金是一种重要的创业融资来源,它具有以下优点。

没有烦琐的手续:亲友之间的借款不需要太多的文书手续,也不需要担保或抵押,这大大简化了融资的流程。

出于亲情关系:亲友之间的关系通常比较紧密,他们可能更容易接受借款人的创业计划,并愿意提供支持和帮助。

成功率高:由于亲友之间的信任和了解,他们可能更愿意提供高额的投资,这有助于新创企业快速发展。

高附加值服务:亲友之间的支持可能会带来其他的好处,比如市场营销、品牌推广、客户资源等,这些都能够为新创企业带来更多的机会和竞争优势。

然而,亲友资金也存在一些缺点。

亲友之间的借款可能会导致信用风险,因为借款人可能无法按时还款,这会影响到创业者的信用记录和声誉。

亲友之间的借款可能会带来沟通和协调上的困难,因为借款人和创业者之间可能存在差异和分歧,需要双方进行有效的沟通和协调。

亲友之间的借款可能会受到家庭和社交圈子的影响,如果借款人不愿意提供支持和帮助,这可能会对创业者的融资造成不利影响。

因此,大学生创业者在选择亲友资金作为融资来源时,需要仔细评估风险和收益,并在融资前与亲友进行充分的沟通和协商,以确保借款的安全和有效性。

(三)天使投资

天使投资是一种早期投资形式,通常由有经验的投资人或天使投资机构为初创企业提供资金。天使投资人不会参与企业的日常运营,但会在企业扩张时提供更多的资金支持。

(四)风险投资

风险投资是一种提供长期资金支持的形式,通常由专业的风险投资机构为初创企业提供资金。风险投资人会参与企业的战略决策,并帮助企业快速成长。

(五)银行贷款

银行贷款是一种常见的融资方式,通常需要企业提供抵押品或信用担保,以降低贷款风险。

(六)创业融资比赛

创业融资比赛是一种为初创企业提供资金的活动,通常由专业的投资人或创业服务机构组织。参赛者需要提交商业计划书,并经过评审团的评估和筛选,才能获得融资支持。

(七)个人贷款

个人贷款是一种为个人提供资金支持的形式,通常由银行或其他金融机构提供。个人贷款通常需要借款人提供抵押品或信用担保,以降低贷款风险。

七、创业融资的风险

创业融资面临的主要风险包括债务融资风险、财务风险、市场风险和法律风险等。其中，债务融资风险是最主要的风险之一，包括债务违约风险、利率风险、信用风险等。财务风险是指企业财务状况不稳定、现金流不足等风险，可能导致企业无法按时还款或无法满足投资者的要求。市场风险是指市场环境变化对企业经营带来的不确定性，可能导致企业市场份额减少或利润下降。法律风险是指与企业经营相关的法律法规变化或法律纠纷等风险。

创业融资过程中还存在其他风险，如人才风险、技术风险、市场营销风险等。人才风险是指企业缺乏优秀的管理人才或技术团队，影响企业的发展。技术风险是指企业技术方案不成熟或技术失败等风险，可能导致企业损失惨重。市场营销风险是指企业的市场营销策略不当或市场营销预算不足等风险，可能导致企业在市场竞争中处于不利地位。

总的来说，创业融资的风险是客观存在的，企业需要制定相应的风险管理策略，及时发现和应对融资风险，保障企业的健康发展。

八、创业融资谈判的技巧

在创业融资谈判中需要掌握一定的技巧，概括来说，主要包括以下几方面。

（一）了解投资人的需求和风险偏好

在融资谈判前，创业者需要了解投资人的需求和风险偏好。这样可以更好地确定投资人的利益和要求，从而为后续的谈判打下基础。

（二）准备充分的材料和数据

在谈判过程中，创业者需要准备充分的材料和数据，以便更好地说明企业的情况和发展前景。这些材料和数据包括企业的商业计划书、财务报表、市场分析等。

（三）制定明确的谈判策略和计划

在融资谈判中，创业者需要制定明确的谈判策略和计划。这包括确定谈判目标、时间安排、议题选择等。同时，需要根据投资人的需求和风险偏好，制定相应的谈判策略和计划。

（四）掌握谈判技巧和策略

在谈判过程中，创业者需要掌握一些谈判技巧和策略，如突出企业的优势、掌握讨价还价的技巧、保持冷静和自信等。同时，需要根据谈判的进展和投资人的反应，及时调整谈判策略和计划。

（五）注重沟通和互动

在融资谈判中，创业者需要注重与投资人的沟通和互动。这可以帮助创业者更好地了解投资人的需求和要求，同时也可以让投资人更好地了解企业的情况和发展前景。

（六）维护企业的利益和形象

在融资谈判中，创业者需要维护企业的利益和形象。这包括遵守商业道德和法律法规，保持企业的独立性和诚信度。同时，需要在谈判过程中遵循诚信原则，不要承诺过高的融资条件或违反承诺。

（七）谈判结束后的技巧

在谈判结束后，创业者需要及时总结谈判经验和教训，并与投资人保持沟通和联系，以便更好地了解投资人的意见和建议。

总的来说，创业融资谈判需要综合考虑企业的实际情况和需求，制定明确的谈判策略和计划，掌握谈判技巧和策略，注重沟通和互动，维护企业的利益和形象。同时，需要与投资者、律师等专业人士进行充分的沟通和协商，以确保融资的成功和企业的长期发展。

第二节　创业风险的识别

一、创业风险的概念

创业风险是指在企业创业过程中存在的风险，是由于创业环境的不确定性、创业机会与创业企业的复杂性、创业者、创业团队与创业投资者的能力与实力的有限性而导致创业活动偏离预期目标的可能性。创业风险是来自于创业活动有关因素的不确定性。

二、创业风险的特点

创业风险的特点包括以下几方面（图 7–8）。

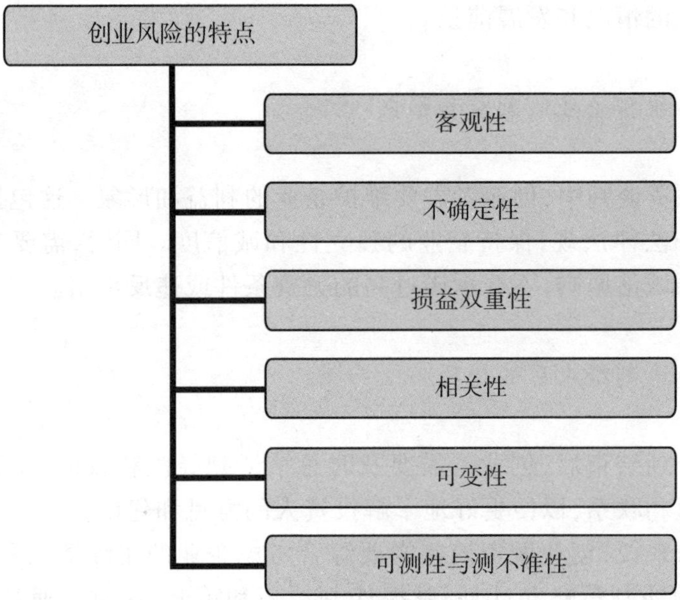

图 7–8　创业风险的特点

（一）客观性

在创业的过程中，风险是客观存在的，是不以人的意志为转移的，所以说，客观性是创业风险的一个显著特点。

（二）不确定性

创业风险的不确定性是由于多种因素的影响而产生的，这些因素包括但不限于市场需求的变化、竞争压力的增加、技术创新的不断发展、财务状况的波动、人力资源的流失等。这些因素的变化都可能给创业企业带来不同程度的风险和挑战，使其面临着诸如市场风险、技术风险、财务风险、法律风险等多种风险类型。因此，创业者需要在创业过程中密切关注这些因素的变化，并采取相应的风险管理措施，以最大限度地降低创业风险对企业的影响。

（三）损益双重性

创业风险不仅会带来损失，还会带来收益。创业者需要在创业过程中认真评估自己的风险承受能力，合理配置资源，适度承担风险，以获得更多的收益。同时，创业者也需要注意防范和控制风险，制定有效的风险应对策略，以最大限度地减少风险对企业的影响。

（四）相关性

创业风险与创业者的行为和决策密切相关。创业者的决策和行为会影响到企业的创立、运营和管理等各个方面，包括市场定位、产品开发、资源配置、财务管理、人力资源管理等。因此，创业者需要根据自己的创业经验和能力，合理评估创业风险，制定科学的创业计划和风险应对策略。同时，创业者也需要具备快速适应市场变化和创新的能力，及时调整创业策略和方向，以适应市场的需求和变化。

（五）可变性

创业风险的可变性是指创业风险在创业过程中是可以发生变化的。创业风险性质的变化是指创业风险在不同的阶段和环节中可能表现出不同的形式和影响，例如技术风险可能表现为技术失败、技术泄漏等，财务风险可能表现为资金短缺、财务困境等。风险后果的变化是指创业风险在不同的阶段和环节中可能带来不同的后果和影响，例如市场风险可能导致市场份额减少、利润下降等，法律风险可能导致企业面临法律诉讼、赔偿等风险。出现新的创业风险是指在创业过程中出现了之前没有预料到的新型创业风险，这些风险可能对创业企业产生重大影响，需要创业者及时采取应对措施。

（六）可测性与测不准性

创业风险的可测性是指创业风险可以通过定性或定量的方法对其进行估计。例如，创业产品周期的测不准与产品市场的测不准就是定性和定量方法的典型例子。创业产品周期的测不准指的是创业者难以预测创业产品在市场上的受欢迎程度和生命周期，从而可能导致创业企业在产品研发、市场营销等方面出现偏差和失误。产品市场的测不准则指的是创业者难以准确预测产品在市场上的需求量和竞争情况，从而可能导致创业企业在产品定价、销售策略等方面出现偏差和失误。因此，创业者需要通过科学的风险评估方法和技术，如敏感性分析、情景分析、概率分析等，对创业风险进行定量和定性的分析和预测，以便及时调整创业策略和方向。

总之，创业风险是在创业活动过程中不可避免的，但是创业者可以通过制定相应的风险管理策略，如风险预防、风险分散、风险转移等，来最大限度地降低创业风险对企业的影响。

三、创业风险的主要类型

从创立企业的功能上，可以将创业风险分为以下几大类（图 7–9）。

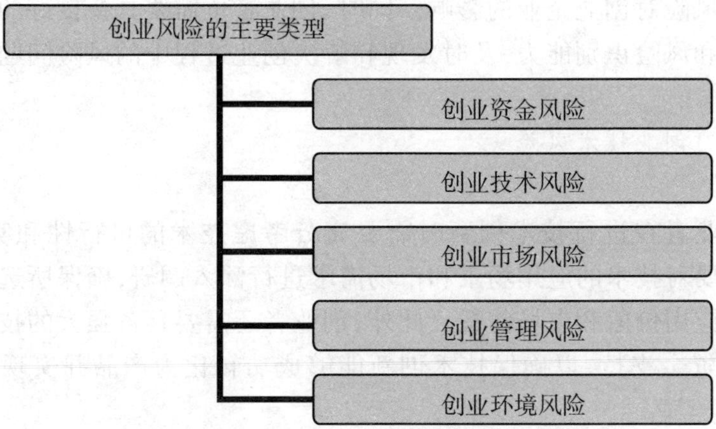

图 7-9 创业风险的主要类型

（一）创业资金风险

创业资金风险主要包括以下几个方面。

1. 资金不足

创业者在创业初期通常需要投入大量的资金用于市场调研、产品研发、生产线建设等方面，如果创业者没有足够的资金支持，就可能导致创业失败。

2. 资金链断裂

创业者在创业过程中可能会面临资金链断裂的风险，这是由于市场环境的变化或者其他不可控因素导致资金流动性不足，无法满足企业的日常运营和扩张需求。

3. 融资风险

创业者在创业初期通常需要进行融资以获得必要的资金支持，然而，融资过程中可能会遇到各种风险，如融资成本过高、融资对象不愿意合作等，这些都可能导致创业失败或无法达到预期目标。

针对创业资金风险，创业者需要制定相应的风险管理策略，如提前规划资金用途、选择合适的融资渠道、建立稳定的资金链等，以降低创业资金风险对创业企业的影响。同时，创业者也需要具备良好的财务管理能力和风险识别能力，及时发现和解决创业过程中的风险问题。

（二）创业技术风险

创业者在进行技术创新时需要充分考虑技术的可行性和实践性。他们需要对技术的应用场景和市场需求进行深入调研，确保所选技术具有实际应用价值和市场前景。此外，创业者还需要具备强大的技术研发能力和资金支持，以确保技术创新能够成功转化为产品并实现商业化应用。

（三）创业市场风险

创业市场风险是指创业者在创业过程中所面临的市场方面的风险，包括市场需求风险、市场竞争风险、市场变化风险等。

市场需求风险是指创业者所创业项目的市场需求量不足，导致创业者无法实现预期的销售收入和利润。市场需求是创业者项目能否成功的重要因素之一，因此创业者需要深入了解市场需求，并根据市场需求的变化及时调整产品和服务策略，以保证项目的顺利实施。

市场竞争风险是指创业者所创业项目面临的竞争压力过大，导致创业者无法实现预期的市场份额和利润。市场竞争是创业者项目能否成功的关键因素之一，因此创业者需要制定有效的竞争策略，以保证自己在市场竞争中的优势地位。

市场变化风险是指创业者所创业项目所处的市场环境发生了变化，导致创业者无法实现预期的经营目标。市场环境的变化是不可预测的，因此创业者需要密切关注市场环境的变化，并制定相应的应对措施，以保证自己的经营策略与市场环境的变化相适应。

（四）创业管理风险

创业管理风险是指创业者在创业过程中所面临的管理方面的风险，主要包括以下几方面。

管理制度风险是指创业企业缺乏完善的管理制度，导致企业政令不畅，容易出现风险事件。创业企业需要建立完善的管理制度，以确保企业的正常运转和风险控制。

人力资源管理风险是指创业企业的人员配置不科学，激励机制不合理，工作作风不严谨等问题，导致企业内部消耗巨大、员工流失等问题，给企业带来损失。

营销管理的风险是指创业企业的营销策略不合理，营销人员的管理不到位，导致产品滞销，给企业带来损失。创业企业需要制定有效的营销策略，包括市场调研、产品定位、销售渠道选择等方面的措施，以确保产品能够顺利地进入市场，并获得市场认可。

财务风险是指创业企业的财务管理不规范，导致企业面临资金流动性风险、投资风险等问题。创业企业需要建立规范的财务管理制度，包括财务核算、资金管理、融资等方面的措施，以保证企业的财务安全和可持续发展。

（五）创业环境风险

创业环境风险是指创业者在创业过程中所面临的外部环境方面的风险，包括政策风险、经济风险、社会文化风险等。

政策风险是指国家的政策变化对创业者的项目产生影响。创业者需要时刻关注国家政策的变化，及时调整自己的经营策略，以适应国家政策的变化。

经济风险是指创业者的项目受到经济环境的影响，可能导致项目的收入和利润受到影响。创业者需要对经济环境的变化进行深入的分析和预测，以制定相应的应对策略。

社会文化风险是指创业者的项目受到社会文化环境的影响，可能导致项目的文化差异性和市场适应性受到影响。创业者需要了解当地的社会文化环境，并制定相应的应对策略，以适应当地市场的需求。

四、创业风险识别的特点

创业风险识别是指在创业过程中，创业者对可能影响创业活动的各种风险进行辨认和鉴别的过程。创业风险识别的目的是帮助创业者制定有效的风险应对策略，以降低创业风险并确保创业活动的成功。创业风险识别具有以下几个特征(图 7-10)。

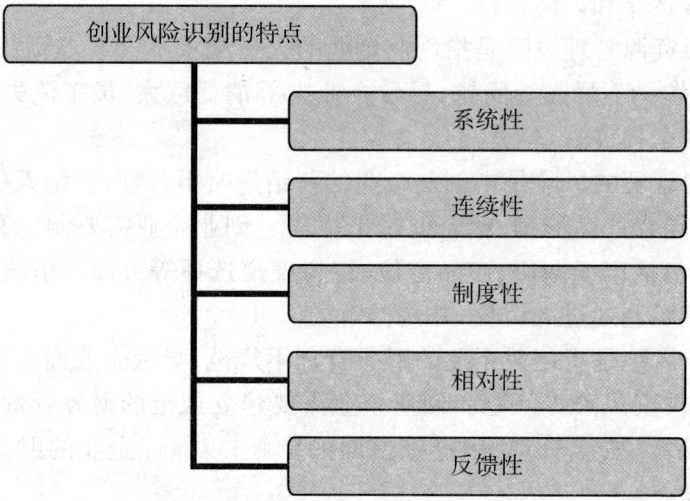

图 7-10　创业风险识别的特点

（一）系统性

创业风险识别是一个系统化的过程，需要从多个方面进行考虑。在创业初期，市场需求和竞争情况是影响创业风险的主要因素，因此创业者需要对市场进行深入的调研和分析，了解市场需求和竞争趋势，制定相应的市场营销策略和竞争策略。在创业中期，技术创新和研发能力是影响创业风险的关键因素，因此创业者需要具备一定的技术创新能力和研发能力，不断进行技术创新和产品创新。在创业后期，财务管理和资金链稳定性是影响创业风险的重要因素，因此创业者需要制定合理的财务管理策略，保持资金链的稳定性。同时，人力资源管理也是影响创业风险的关键因素，创业者需要建立健全的人力资源管理制度，吸引和留住优秀的人才，为创业活动提供强有力的支持。

（二）连续性

创业风险是不断变化的，因此创业者需要不断关注市场变化、技术创新、竞争环境等方面的信息，以便及时识别和应对新出现的创业风险。同时，创业者还需要具备灵活的应变能力，及时调整自己的经营策略和管理策略，以适应市场环境的变化。

（三）制度性

创业风险识别是一个制度化的过程，需要企业建立风险管理制度，明确风险识别的流程和责任人。风险管理制度应该包括风险评估、风险应对、风险监控等方面的内容，以确保创业风险的及时识别和应对。同时，创业风险管理制度还应该明确各部门和员工的风险管理责任，并建立风险管理的监督和反馈机制，以确保风险管理工作的有效实施。

（四）相对性

创业风险识别是一个相对性的过程，需要根据创业者的实际情况和创业环境的变化进行调整。创业者需要不断关注市场环境和竞争环境的变化，及时调整自己的经营策略和管理策略，以适应新的市场和竞争环境。同时，创业者还需要具备灵活的应变能力，根据实际情况和创业环境的变化及时调整自己的风险应对策略，以确保创业活动的成功。

（五）反馈性

创业风险识别是一个反馈性的过程，需要创业者不断地对风险进行识别和评估，及时调整创业策略。创业风险是不断变化的，因此创业者需要不断地对风险进行评估和识别，及时调整自己的风险应对策略，以确保创业活动的成功。

五、创业风险识别的步骤

创业风险识别是一个系统化的过程，需要从多个方面进行考虑，包括市场、技术、财务、管理和人力资源等方面。以下是创业风险识别的一般步骤（图 7–11）。

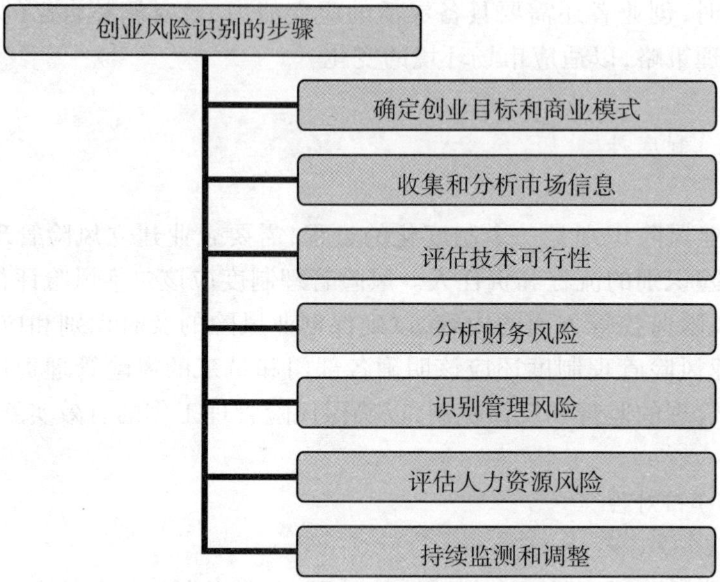

图 7-11　创业风险识别的步骤

（一）确定创业目标和商业模式

创业者需要明确自己的创业目标和商业模式，确定创业方向和市场定位。

（二）收集和分析市场信息

创业者需要收集和分析市场信息，包括市场需求、竞争情况、行业趋势等方面的信息，以便对市场和创业环境进行深入的了解。

（三）评估技术可行性

创业者需要评估所使用的技术、工具和流程是否适用于创业环境，以及技术上是否存在风险和挑战。

（四）分析财务风险

创业者需要分析企业的财务状况，评估财务风险和稳定性，制定相应的财务管理策略。

（五）识别管理风险

创业者需要识别企业的管理风险，包括管理层变动、组织架构调整、员工培训等方面的风险，制定相应的管理策略。

（六）评估人力资源风险

创业者需要评估企业的人力资源状况，包括员工素质、招聘、培训、绩效管理等方面的风险，制定相应的人力资源策略。

（七）持续监测和调整

创业者需要对创业风险进行持续监测和调整，根据实际情况和创业环境的变化及时调整风险应对策略。

六、创业风险识别的方法

创业风险识别的方法有很多，常见的有以下几种。

（一）问题识别法

通过问题可以判断大环境和小环境哪里出了问题。比如，技术出现漏洞是否可以用备用的方案。

（二）竞品分析法

通过研究竞争对手的产品，可以发现对手的优势和劣势，以及我方的优势和劣势，从而制定相应的战略来应对市场。

（三）数据分析法

通过数据分析，我们可以掌握更多的一手资料，比如某一段时间的销售数据、某一段时间的客户群体数据等，然后可以进行相应的数据推算，比如我们可以根据历史销售数据来预估未来销售数据，从而制定相应的生产计划。

（四）专家调查法

通过咨询相关行业的专家，我们可以获得更多的一手资料，比如技术的可行性、财务的健康状况、市场的前景等，从而发现我方的优势和劣势。

（五）案例分析法

通过研究已经成功的企业，我们可以发现他们成功的原因，然后根据这些成功的经验来制定相应的战略和措施。

（六）故障树分析法

通过分析故障树，可以发现事故发生的原因，从而制定相应的预防措施。

（七）SWOT 分析法

通过对企业内部和外部环境的分析，可以发现企业的优势、劣势、机会和威胁，从而制定相应的战略和措施。

（八）敏感性分析法

通过分析产品或者服务的敏感性，可以发现产品或者服务存在的问题，从而制定相应的预防措施。

以上是常见的创业风险识别的方法，创业者需要根据实际情况选择合适的方法进行风险识别。需要注意的是，风险识别的方法并不是孤立的，而是相互联系、相互影响的，需要综合运用多种方法进行分析和识别。

第三节　新创企业的管理

一、新创企业的财务管理

（一）财务管理的概念

财务管理是在一定的整体目标下，关于资产的购置（投资）、资本的融通（筹资）、经营中现金流量（营运资金），以及利润分配的管理。财务管理是企业管理的一个组成部分，它是根据财经法规制度，按照财务管理的原则，组织企业财务活动，处理财务关系的一项经济管理工作。简单地说，财务管理是组织企业财务活动、处理财务关系的一项经济管理工作。

（二）财务管理的原则

1. 风险与收益均衡的原则

创业者在进行投资决策时需要考虑到风险因素，并在可承受的风险范围内进行投资决策。在进行投资决策时，创业者需要对各种风险因素进行深入研究和仔细分析，以便做出明智的决策。同时，创业者还需要对自己的投资能力和风险承受能力进行深入评估，确保自己有足够的资金和能力应对各种风险和挑战。最后，创业者需要根据自己的实际情况和创业环境的变化，及时调整自己的投资决策，以保证创业活动的成功。

2. 成本—效益原则

成本—效益原则是企业财务管理的核心原则之一,要实现盈利性目标,企业必须在整个财务管理活动中贯彻成本—效益原则,追求产值或利润最大化,但这必须建立在合适的成本基础之上。企业需要通过对成本的有效管理来实现最大的收益,同时避免过高的成本支出对企业的盈利性产生负面影响。

3. 资源合理配置原则

从资源配置角度来说,企业是将筹集到的财务资源进行再组合、再分配的一个组织,理想状态下,这应该是达到最优组合,发挥组织最大效用的组织。在创业企业中,资源配置对于企业的成功至关重要。创业企业需要在资源配置方面下足功夫,以确保其能够获得最大的收益并实现盈利性目标。

4. 利益关系协调原则

遵循利益关系协调原则需要做到以下几方面。

(1)依法纳税

纳税是企业必须履行的法律义务,也是创业者处理与国家利益关系的基础。创业者应该了解相关税法规定,按时、足额缴纳税款,不得偷税漏税,避免因违法行为而受到处罚。

(2)确保员工的薪资收入和各项福利

员工是企业最重要的资源之一,创业企业必须确保员工的薪资收入和各项福利得到充分保障。这可以通过制定合理的薪酬制度,提供良好的工作条件和福利待遇等方式来实现。

(3)建立公平、透明的激励机制

创业企业应该建立公平、透明的激励机制,以激发员工的工作积极性和创造力,同时确保员工的利益得到保障。

(三)财务管理的具体内容

具体来说,财务管理包括以下几方面内容。

1. 财务决策

（1）掌握资金运动规律

创业者应了解资金的来源和用途，以及资金的运转周期和速度。只有掌握了资金的运动规律，才能制定出合理的财务决策。

（2）注意从公司经济、市场经济、产业经济的角度考虑

创业者应从公司的整体经济环境、市场经济环境和产业经济环境的角度来考虑财务问题，以便制定出更加符合实际情况的决策。

（3）对财务问题进行多方面考察

创业者应对公司的财务问题进行多方面的考察，包括财务报表、财务指标、市场数据、行业动态等，以便全面了解公司的财务状况，并做出更加准确的决策。

（4）建立有效的财务管理体系

创业者应建立有效的财务管理体系，包括预算管理、资产管理、投资管理、利润分配管理等，以便对公司的财务活动进行有效的管理和控制。

（5）寻求专业的财务咨询

创业者应寻求专业的财务咨询，以便获得更加专业的财务建议，并制定出更加符合实际情况的财务决策。

2. 财务制度建设

财务制度是公司最重要的规章制度之一，它规定了公司的财务管理方式和流程，对于公司的财务管理和运营具有至关重要的作用。无论公司的规模大小，都应该制订严格清晰的财务管理制度，以确保公司的财务管理规范、透明、合法。

首先，财务制度应该明确公司的财务目标和管理原则，以便于公司的财务管理和决策。

其次，财务制度应该规定公司的财务管理流程，包括财务预算、资金管理、成本控制、收入确认等方面，以确保公司的财务管理符合公司的战略目标和经济规律。同时，财务制度应该规定公司的财务报告和信息披露要求，以便于投资者、债权人、监管机构等利益相关者了解公司的财务状况和经营成果。

最后，财务制度应该建立有效的内部控制和风险管理机制，以确保

公司的财务管理和运营符合国家法律法规和公司的内部规定，避免财务风险和损失的发生。

3. 财务战略

建立财务战略是新创企业提高能力的重要一环。以下是一些步骤和建议。

（1）明确财务目标和战略方向

在开始制订财务战略之前，企业应明确其财务目标和战略方向。这些目标应该是长期性的，能够为企业带来持续的收益和增长。同时，企业也应该明确其在行业内的竞争优势和核心竞争力，以便于制订合适的财务战略。

（2）评估企业的财务状况

在制订财务战略之前，企业应对其财务状况进行评估，了解其财务健康状况、财务实力和财务风险等方面。评估的重点应该是企业的资产负债表、损益表和现金流量表等财务报表，以便于制订合理的财务战略和规划。

（3）制订财务战略

根据企业的财务状况和评估结果，制订合适的财务战略。财务战略应该包括企业的财务目标、战略方向、财务策略和预算等方面。企业应该在财务战略中明确其资金来源、资金运用和资金收益等方面的计划和策略。

（4）实现财务战略

在制订财务战略后，企业应该按照其制订的财务战略来实现其财务目标和战略方向。企业应该根据财务战略的要求，制定相应的财务计划和预算，并在实际运营中严格执行。同时，企业也应该定期对财务战略进行评估和调整，以便于适应市场变化和企业发展需要。

（5）执行财务战略

为了确保财务战略的有效执行，企业应该建立相应的执行机制，包括财务报告和信息披露机制、内部控制机制和风险管理机制等。企业应该定期对财务战略的执行情况进行评估和调整，以便于及时纠正偏差和调整财务战略。

总之，建立财务战略是新创企业提高能力的重要一环。企业应该明确财务目标和战略方向，评估其财务状况，制订合适的财务战略，实现其财务目标和战略方向，并执行其财务战略，以确保企业的财务管理规范、透明、合法。

4. 资金管理

创业初期，资金不足是很多新创企业面临的普遍问题。为了加强资金管理，企业管理者可以采取以下几种方法。

（1）制定预算和资金计划

制定预算和资金计划可以帮助企业管理者更好地掌控资金流向和使用情况。预算包括收入预算、成本预算和资金预算等，可以帮助企业管理者明确各项支出的规模和时间，从而有效地控制成本和资金。资金计划则是将资金分配到各个项目中，确保资金的合理分配和使用。

（2）优化资金结构

优化资金结构可以帮助企业管理者降低财务风险，提高资金使用效率。企业管理者可以通过资金分配、资产管理和负债管理等方式来优化资金结构，例如通过合理安排债务和投资的比例，降低财务风险。

（3）引入投资

引入投资可以帮助企业管理者扩大业务规模，加快企业发展速度。企业管理者可以通过引入风险投资、私募股权基金等方式来获取资金，从而为企业的长期发展提供资金支持。

（4）控制现金流

现金流对于企业的生存和发展至关重要。企业管理者应该控制现金流的流入和流出，通过现金管理和收支平衡等方式来保证企业的现金流稳定。

（5）加强内部控制

加强内部控制可以帮助企业管理者规范资金管理，防止资金流失和浪费。企业管理者可以通过制定内部控制制度、建立监督机制等方式来加强内部控制，保证资金的合法、合理使用。

5. 成本控制

成本控制对于新创企业来说非常重要。成本控制可以帮助企业降低成本、提高效率、增加盈利。以下是一些新创企业可以采取的成本控制措施。

(1)控制成本预算

制定合理的成本预算可以帮助企业管理者了解其成本支出的大小和方向,从而有效地控制成本。企业管理者可以通过对成本进行分析和评估,制定出符合实际情况的成本预算。

(2)实行标准化管理

实行标准化管理可以帮助企业管理者对企业的各项流程和工作进行规范化管理,减少重复工作和浪费。企业管理者可以通过制定标准化的流程和工作规范,来减少人为因素对成本的影响。

(3)优化采购流程

采购流程对于企业的成本控制非常重要。企业管理者可以通过优化采购流程,来降低采购成本和采购周期,从而提高企业的效益。

(4)加强人力资源管理

人力资源管理对于企业的成本控制也非常重要。企业管理者可以通过制定合理的薪酬制度、培训计划等方式来提高员工的工作效率和质量,从而降低企业的人力成本。

(5)建立成本管理系统

建立成本管理系统可以帮助企业管理者对企业的成本进行全面的管理和控制。企业管理者可以通过引入信息技术等方式来建立成本管理系统,实现成本数据的实时收集和分析,从而及时发现和解决成本管理中的问题。

6. 财务人员配备与素质的提高

财务人员的素质和技能对于新创企业的财务管理至关重要。新创企业应该选择具备忠诚、可靠、专业、精干素质的财务人员,并对其加强培训和教育。具体而言,可以通过以下方式来提高财务人员的素质和技能。

(1)定期进行财务知识和技能的培训和教育

新创企业可以定期组织财务人员参加各种财务培训和教育课程,以提高他们的专业知识和技能,包括财务管理、财务决策等方面的内容。

(2)建立完善的奖励和激励机制

新创企业可以建立完善的奖励和激励机制,以激发财务人员的积极性和主动性,从而提高他们的素质和技能。

（3）引入职业经理人制度

新创企业可以引入职业经理人制度，让有经验的财务人员担任高级管理职位，从而提高企业的管理水平和财务人员的素质和技能。

（4）加强团队合作和沟通

新创企业的财务人员需要具备团队合作和沟通的能力，以便与其他部门加强合作和沟通，共同推动企业的财务管理和发展。

二、新创企业人力资源管理

（一）人力资源规划

人力资源规划包括两个层次，即人力资源整体规划和人力资源业务规划。

1. 人力资源整体规划

人力资源整体规划是指企业根据其发展战略和经营目标，对企业未来的人力资源进行全面的战略性的规划，包括人力资源的数量、质量、结构、素质等方面的规划。

2. 人力资源业务规划

人力资源业务规划是指企业在人力资源整体规划的基础上，对具体的人力资源管理业务进行的规划，包括人员配备计划、人员退出计划、人员补充计划、人员培训开发计划、人员绩效与薪酬福利计划、人员劳动关系管理等方面的规划。

（二）工作分析

工作分析是人力资源管理工作的基础，其分析质量对其他人力资源管理模块具有举足轻重的影响。工作分析的主要任务如下。

第一，规定职务性质和特征。即明确规定职务的职权、职责、工作内容、工作关系、工作时间、工作地点等。

第二，确定工作量。即明确规定职务所需完成的工作任务及工作量。

第三，分析工作难度。即明确规定职务完成工作所需具备的知识、技能和能力等。

第四，确定工作关系。即明确规定职务与其他职位、部门或团队之间的关系。

第五，明确工作环境。即明确规定职务所处的工作物理环境、社会环境和心理环境等。

第六，分析任职资格。即明确规定任职者必须具备的教育程度、工作经验、技能和能力等。

第七，提出人员培训和发展建议。即根据分析结果，提出对员工进行培训和职业发展的建议。

工作分析是一个持续不断的过程，其目的是提高工作效率和质量，帮助企业吸引和留住优秀人才，提高组织绩效。工作分析通常包括以下几个步骤。

第一，确定工作分析的范围和目的。即明确规定工作分析的对象、范围和目的。

第二，收集工作信息。即通过各种途径收集与工作相关的信息，包括职务说明书、组织结构图、职位描述、工作日志等。

第三，进行工作分析信息的整理和分析。即对收集到的工作信息进行整理和分析，提取出工作的相关信息，包括职务性质、任务、职责、权力、工作条件、工作量、工作难度、工作关系、任职资格等。

第四，制定工作规范。即根据分析结果，制定出工作规范，包括工作职责、工作量、工作难度、工作关系、任职资格等方面的规定。

第五，确定工作规范的适用性。即根据工作分析的结果，确定工作规范的适用性，包括是否需要对工作规范进行修订、如何修订等。

第六，发布工作规范。即将工作规范发布给相关人员，并对其进行培训和宣传，帮助他们理解和遵守工作规范。

工作分析的结果对于组织和个人都具有重要意义。对于组织而言，工作分析可以帮助组织明确岗位职责、规范工作流程、优化组织结构、提高员工绩效等，从而提高组织的效率和竞争力。对于个人而言，工作分析可以帮助个人明确自己的职业发展方向、提高技能和能力、适应组织和岗位的要求等，从而实现个人的职业发展。

（三）招聘

员工招聘的基本程序包括以下几方面。

1. 确定招聘需求

人力资源部门根据公司的战略发展规划和人力资源规划，确定招聘的岗位、数量和质量等招聘需求。

2. 制定招聘计划

人力资源部门根据招聘需求，制定招聘计划，包括招聘渠道、招聘时间、招聘预算等内容。

3. 发布招聘信息

人力资源部门通过招聘网站、招聘会、内部员工推荐等多种渠道发布招聘信息，吸引符合条件的应聘者。

4. 安排面试

人力资源部门根据招聘需求和应聘者的申请，安排面试，对应聘者进行初步筛选。

5. 确定录用人选

人力资源部门根据面试结果和岗位要求，确定录用人选，与应聘者签订劳动合同或实习协议。

6. 入职手续办理

为录用人选办理入职手续，包括签订劳动合同、办理社保公积金等。

员工招聘的流程和注意事项可能因企业规模、行业、岗位性质和发展阶段等因素而有所不同，但一般来说，员工招聘的基本流程包括以上几个环节。

（四）员工培训

员工培训是指企业为了提高员工的知识、技能和能力，使其更好地适应工作要求而进行的各种培训活动。员工培训一般包括以下几个步骤。

1. 培训需求评估

培训需求评估是指对组织的培训需求进行全面的评估，包括组织层面分析、工作状况层面分析和员工层面分析。通过评估，确定培训的重点和方向。

2. 制定与实施培训方案

制定培训方案是指根据培训需求评估的结果，制定详细的培训计划，包括培训目标、培训方法、培训媒体、培训地点、课程内容简介、相关案例和各种活动。在培训方案中，要明确培训的目的、对象、时间、地点、师资等具体内容。

3. 培训效果评估与转化

培训效果评估是指对培训的效果进行评估，包括对课程设计、培训方式和培训效果的评估。通过评估，了解员工对培训的反馈和掌握程度，以及培训对工作绩效的改善程度。同时，将评估结果反馈给员工，帮助员工将培训内容转化为具体的工作绩效。

4. 建立员工培训档案

建立员工培训档案是指将员工的培训记录和成果建立档案，包括培训时间、培训内容、培训方式、考核结果等信息，为后续的员工培训提供参考和依据。

5. 持续改进员工培训

持续改进员工培训是指对员工培训进行持续的改进和优化，根据实际工作需要和员工反馈，不断调整和完善培训计划和方案，提高员工的工作绩效和企业的竞争力。

（五）绩效管理

绩效管理是指通过绩效目标的制定、绩效辅导、绩效考核、绩效改进等一系列过程，来实现组织和个人绩效的提升和改进的管理方法。绩效管理的流程一般包括以下几个步骤。

1. 制定绩效计划

明确组织和个人的绩效目标，确定绩效考核的周期和考核指标。

2. 绩效辅导

在绩效考核周期开始前，进行绩效辅导，帮助员工了解自己的工作任务和目标，明确绩效改进的方向和措施。

3. 绩效考核

在绩效考核周期内，进行绩效考核，评估员工的工作绩效，发现问题，并及时给予反馈和指导。

4. 绩效改进

在绩效考核周期结束后，进行绩效改进，帮助员工分析绩效问题，制定改进计划，并监督执行情况。

5. 绩效反馈

在绩效考核周期结束后，将考核结果反馈给员工，帮助员工了解自己的绩效表现和需要改进的方面，并提供必要的支持和指导。

6. 绩效奖惩

根据绩效考核结果，进行奖惩，激励员工更好地发挥自己的工作潜力，实现组织的目标。

（六）薪酬管理

薪酬管理的目的是通过对员工薪酬的适当管理和分配，提高员工的工作积极性和生产力，同时吸引和保留优秀的人才，从而实现企业的可持续发展。

薪酬管理的核心是通过对员工薪酬的适当管理和分配，建立一套完整、系统的薪酬体系，以激励员工的积极性和创造力，从而实现企业的战略目标。

薪酬管理的内容包括薪酬策略、薪酬计划、薪酬结构、薪酬构成、薪酬分配、薪酬调整等方面。薪酬策略是指企业薪酬管理的总体方向和目标，它决定了薪酬管理的基本方向和原则；薪酬计划是指企业制定的长期薪酬计划，它决定了员工薪酬的增长速度和结构；薪酬结构是指企业薪酬的组成部分及其比例关系，它决定了薪酬的公平性和合理性；薪酬构成是指企业员工薪酬的具体构成及其计算方法，它决定了员工薪酬的具体数额和构成；薪酬分配是指企业根据员工的工作表现和工作业绩，对员工薪酬进行分配的过程；薪酬调整是指企业根据市场环境和企业发展状况，对员工薪酬进行调整的过程。

薪酬管理的重要性在于它可以提高员工的工作积极性和生产力。同时，薪酬管理还可以帮助企业制定合理的薪酬策略，建立有竞争力的薪酬结构，提高员工的满意度和忠诚度。

（七）职业生涯管理

职业生涯管理是企业帮助员工制定职业生涯规划和帮助其职业生涯发展的一系列活动。职业生涯管理主要包括以下几方面内容。

1. 职业定位

确定个人的职业定位，即个人想从事什么类型的工作，以及个人的能力和素质是否符合所选职业的要求。

2. 职业生涯路线规划

个人应当根据自己的兴趣、优势、价值观和发展目标来规划自己的职业生涯路线。

3. 制定行动计划

根据职业生涯路线规划，制定具体的行动计划，以逐步实现职业生涯目标。

4. 反馈与调整

定期评估自己的职业生涯目标和行动计划是否实现,如有需要,及时进行调整。

参考文献

[1] 张瑞颖．就业导向下的大学生职业生涯规划与管理研究 [M]. 北京：中国书籍出版社，2021.

[2] 刘玉升．大学生职业生涯规划与就业指导 [M]. 苏州：苏州大学出版社，2018.

[3] 何玲霞，陈年友．大学生就业与创业指导 [M]. 北京：高等教育出版社，2013.

[4] 彭奇林．职业生涯规划 [M]. 北京：北京理工大学出版社，2009.

[5] 李莹，钟会亮，卜显平，等．赢在校园：职业生涯规划与就业指导 [M]. 北京：北京航空航天大学出版社，2012.

[6] 焦金雷，孔彬，毛连军，等．大学生就业与创业指导 [M]. 西安：西安交通大学出版社，2014.

[7] 白伟芳，徐彪．大学生就业指导与创业教育 [M]. 成都：电子科技大学出版社，2019.

[8] 陈卫中，陈露晓，陈纪忠．大学生创业教育与职业规划 [M]. 上海：华东师范大学出版社，2008.

[9] 徐吉贵，陆伟，韩晓飞，等．大学生职业规划与就业创业指导 [M]. 北京：中国书籍出版社，2015.

[10] 吴亚梅，龚丽萍．大学生创新创业教程 [M]. 重庆：重庆大学出版社，2018.

[11] 刘建中．大学生就业指导 [M]. 成都：电子科技大学出版社，2020.

[12] 于式力．职业道德与就业指导 [M]. 天津：天津教育出版社，2008.

[13] 胡堪志．就业指导与创业教育 [M]. 北京：北京理工大学出版社，2009.

[14] 张大汉 . 大学生就业与创新创业指导 [M]. 北京：人民邮电出版社，2020.

[15] 李贺，王畅 . 大学生创新创业基础 [M]. 北京：北京理工大学出版社，2019.

[16] 彭晓玲 . 大学生职业生涯导航 [M]. 长春：吉林大学出版社，2009.

[17] 杜鹏举，罗芳 . 大学生创新创业基础 [M]. 北京：中国铁道出版社，2018.

[18] 刘志超，沈敏芳，雷雪 . 创业基础 [M]. 广州：华南理工大学出版社，2016.

[19] 罗明忠，谭菲雪，马啸尘，等 . 大学生职业生涯规划与就业指导 [M]. 北京：科学出版社，2015.

[20] 张腻光，游波 . 就业指导与创业教育 [M]. 北京：北京理工大学出版社，2011.

[21] 林必越 . 创业管理 [M]. 北京：中国财政经济出版社，2021.

[22] 黄瑞雪，任国峰 . 创新创业导论 [M]. 长沙：中南大学出版社，2021.

[23] 刘雅芳，方艳溪，乐建盛 . 大学生就业与创业指导教程 [M]. 西安：西安交通大学出版社，2015.

[24] 李学东，顾海川，刘万兆，等 . 创新创业管理 [M]. 北京：北京邮电大学出版社，2017.

[25] 王其中，李姣，王凯 . 大学生创新创业教程 [M]. 北京：北京理工大学出版社，2017.

[26] 唐德勇 . 大学生职业生涯规划与就业指导 [M]. 北京：中国纺织出版社，2018.

[27] 邵明，李勇，王兆军 . 互联网 + 创业 [M]. 北京：化学工业出版社，2016.

[28] 崔炜，罗松远 . 大学生职业生涯规划 [M]. 上海：上海交通大学出版社，2015.

[29] 姚立锋，梁绍斌，蔡亚玲，等 . 大学生职业生涯规划与就业创业指导 [M]. 青岛：中国海洋大学出版社，2011.

[30] 刘清亮，陈玲，王吉祥 . 就业指导与职业规划 [M]. 北京：人民邮电出版社，2009.

[31] 王斌，刘梅月．大学生就业创业指导 [M]. 济南：山东人民出版社，2019.

[32] 王宏斌，叶婷，姚瑞参．大学生职业规划与就业指导 [M]. 西安：西安交通大学出版社，2014.

[33] 李淑霞，张晓旭．大学生就业与创业指导教程 [M]. 北京：中国传媒大学出版社，2012.

[34] 迟云平．职业生涯规划 [M]. 广州：华南理工大学出版社，2019.

[35] 田永伟，吴迪．大学生职业发展指导大学生生涯发展定位和职业生涯规划 [M]. 北京：光明日报出版社，2019.

[36] 王林，王天英，杨新惠．大学生职业生涯与就业指导 [M]. 北京：中国铁道出版社，2018.

[37] 崔邦军，薛运强．大学生入学教育与职业发展规划 [M]. 北京：北京理工大学出版社，2018.

[38] 祝杨军．生涯教育的逻辑 [M]. 北京：首都师范大学出版社，2018.

[39] 谢珊．大学生职业生涯规划与就业指导 [M]. 北京：中国轻工业出版社，2017.

[40] 龚芸，辜桃．大学生职业取向与职业规划 [M]. 北京：中国社会出版社，2017.

[41] 孟喜娣，王莉莉．职业生涯规划 [M]. 北京：北京邮电大学出版社，2017.

[42] 李培山．大学生职业生涯规划与就业 [M]. 大连：辽宁师范大学出版社，2017.

[43] 武林波．规划自我启程远航大学生职业生涯与发展规划 [M]. 银川：宁夏人民出版社，2017.

[44] 任晓剑，姚树欣．大学生职业规划与创新教育 [M]. 北京：国家行政学院出版社，2017.

[45] 李可依，毛可斌，朱余洁．大学生职业生涯规划 [M]. 上海：上海交通大学出版社，2017.

[46] 陈宝凤．大学生职业生涯规划 [M]. 哈尔滨：黑龙江大学出版社，2016.

[47] 苏文平．职业生涯规划与就业创业指导 [M]. 北京：中国人民大学出版社，2016.

[48] 夏雨，李道康，王苇．大学生职业发展与就业创业（双色版）[M]. 上海：上海交通大学出版社，2016.

[49] 谭禾丰．职业生涯规划与就业指导 [M]. 北京：机械工业出版社，2016.

[50] 徐凯．大学生职业生涯规划与就业创业指导 [M]. 西安：西安电子科技大学出版社，2016.

[51] 高静，吴梦军．迈向职场成功之路职业发展与就业创业指导 [M]. 济南：山东人民出版社，2015.

[52] 于广东，鲁江旭，等．大学生职业生涯规划与就业指导 [M]. 北京：中国轻工业出版社，2016.

[53] 王俊．职业生涯规划 [M]. 南京：东南大学出版社，2016.

[54] 陈梦薇，刘俊芳，李晓萍．生涯规划与职业发展 [M]. 南京：东南大学出版社，2015.

[55] 李保城，刘效强．大学生职业发展与就业指导 [M]. 济南：山东人民出版社，2014.

[56] 陈丹，何萍．大学生体验式生涯管理 [M]. 北京：机械工业出版社，2013.

[57] 钟召平，王剑波，李瑞昌．大学生职业规划与就业创业指导 [M]. 济南：山东人民出版社，2013.

[58] 明照凤．大学生职业生涯规划 [M]. 济南：山东人民出版社，2013.

[59] 张瑞英，刘克非．大学生职业生涯规划与就业指导 [M]. 北京：北京理工大学出版社，2013.

[60] 张再生．职业生涯规划（第 5 版）[M]. 天津：天津大学出版社，2014.

[61] 顾雪英．大学生职业生涯发展与管理 [M]. 南京：东南大学出版社，2013.

[62] 方伟．大学生职业生涯规划咨询案例教程 [M]. 北京：北京大学出版社，2015.

[63] 杨红英．大学生职业生涯规划 [M]. 昆明：云南大学出版社，2015.

[64][美] 格林豪斯．职业生涯管理 [M]. 王伟，译．北京：清华大学出版社，2014.

[65] 韩旭彤，张录全．大学生职业规划与就业创业指导 [M]. 北京：现代教育出版社，2013.

[66] 覃玉荣．职业规划能力提升与就业指导 [M]. 上海：上海交通大学出版社，2014.

[67] 邱广林．职业生涯导航 [M]. 广州：暨南大学出版社，2013.

[68] 邵晓红．大学生职业生涯与发展规划 [M]. 北京：北京大学出版社，2011.

[69] 任国升，高雪升．大学生职业生涯规划与就业指导 [M]. 石家庄：河北大学出版社，2011.

[70] 陈姗姗，吴华宇．大学生职业生涯规划与就业创业指导 [M]. 北京：中国经济出版社，2012.

[71] 肖利哲，王雪原．大学生职业生涯规划理论与设计 [M]. 北京：科学出版社，2011.

[72] 韩庆红．大学生职业生涯管理 [M]. 武汉：华中科技大学出版社，2011.

[73] 谢彩英．织梦职业生涯规划 [M]. 广州：华南理工大学出版社，2010.

[74] 李花，陈斌．大学生职业发展规划与就业指导 [M]. 北京：北京师范大学出版社，2012.

[75] 张义明，李强．我的大学我做主大学生职业生涯规划 [M]. 咸阳：西北农林科技大学出版社，2012.

[76] 杜喜亮．赢在职场职业生涯规划与就业指导 [M]. 济南：山东人民出版社，2010.